魅力新疆 系列丛书

亚欧之间

马媛 著

热烈庆祝"连云港–莫斯科"国际铁路集装箱班列首发！

五洲传播出版社

图书在版编目（CIP）数据

亚欧之间／马媛著. — 北京：五洲传播出版社，2013.6
（魅力新疆）
ISBN 978-7-5085-2526-6

Ⅰ.①欧… Ⅱ.①马… Ⅲ.①对外经济合作 – 概况 – 新疆 Ⅳ.①F127.45

中国版本图书馆CIP数据核字(2013)第099789号

亚欧之间

著　者：	马　媛
审　读：	艾力提·沙力也夫
图片提供：	新疆维吾尔自治区政府新闻办公室，中国国家开发银行新疆分行，特变电工，三宝集团，CFP，马媛，戚晨晨
责任编辑：	宋博雅
封面设计：	丰饶文化传播有限责任公司
内文设计：	北京优品地带文化发展有限公司
出版发行：	五洲传播出版社
社　址：	北京市北三环中路31号生产力大楼B座7层
电　话：	0086-10-82007837（发行部）
邮　编：	100088
网　址：	http://www.cicc.org.cn　http://www.thatsbooks.com
印　刷：	北京光之彩印刷有限公司
字　数：	162千字
图　数：	91幅
开　本：	710毫米×1000毫米　1/16
印　张：	11.5
印　数：	1—3000
版　次：	2014年8月第1版第1次印刷
定　价：	48.00元

（如有印刷、装订错误，请寄本社发行部调换）

出版前言

新疆维吾尔自治区（简称新疆）地处中国西北边陲，面积166.49万平方公里，占中国国土面积的1/6，陆地边境线5600多公里，周边与蒙古、俄罗斯、哈萨克斯坦、吉尔吉斯斯坦、塔吉克斯坦、阿富汗、巴基斯坦和印度8个国家接壤，是古丝绸之路的重要通道。

新疆有长达数千年的文明史，自古以来就是一个多民族聚居和多宗教并存的地区。从西汉时期（公元前206年至公元25年）开始，它成为中国统一的多民族国家不可分割的重要组成部分。

新疆是中国5个少数民族自治区之一，现有55个民族成分，主要包括维吾尔、汉、哈萨克、回、柯尔克孜、蒙古、塔吉克、锡伯、满、乌孜别克、俄罗斯、达斡尔、塔塔尔等。2013年末，新疆总人口约为2264.30万人，其中少数民族人口约占61%。

新疆有数不清的名胜古迹，有充满传奇色彩的历史故事，有灿烂的民族文化、浓郁的民族风情、多元的宗教信仰；这里地处欧亚大陆腹地，有独特的自然条件，地形多种多样，风光雄浑壮美；这里物产丰饶，有丰富的矿产资源，牛羊成群，粮棉遍野，瓜果四季飘香……新疆是个散发着神奇魅力的地方！

为了让国内外的广大读者了解一个立体的、鲜活的、开放的新疆，我们编辑出版了这套"魅力新疆"丛书。本丛书共10册，分别介绍新疆10个方面的基本情况。希望本丛书能带您展开一段"魅力新疆"之旅。

2014年8月

目　录

引言

　　春寒料峭的 3 月，乌鲁木齐的早春还夹杂着许多寒意，哈萨克斯坦客商赛力克已经早早地来到新疆西域轻工基地国家二类口岸。他把自己采购的货物拉到托运部，这些货物在 3 月 21 日哈萨克族传统的诺鲁孜节前，将会出现在阿斯塔纳和阿拉木图的集市上。细密的汗水挂在赛力克的额头，他不时在自己的手机上记录着什么，又快速地用手机换算着什么，与旁边兑换美元的小贩争论着什么，对打包装运的工人叮嘱着什么。然而，喜悦始终伴随着汗水挂在他的脸庞，看来这次赛力克的收获不错。这个早晨，来自新疆周边国家的客商像赛力克一样，忙碌在新疆的各个口岸，带着耕耘的收获、喜悦、劳顿穿梭在贸易通路上。几千年来，丝绸之路的魅力始终吸引着各方商贾云集新疆。新疆承载着古今贸易通道的角色，新疆开启着文化交流的窗口。

　　忙碌了一天，傍晚，赛力克在位于乌鲁木齐边疆宾馆附近的赛依提酒吧约了几位汉族、维吾尔族、哈萨克族、回族、锡伯族和蒙古族朋友小聚。赛力克从事边境贸易的这些年来，少不了这些朋友的帮助。往日大家各自打理生意，今晚朋友们推杯换盏。难得的小聚使大家格外兴奋，他们用汉语、俄语、哈萨克语、维吾尔语、蒙古语交谈着、嬉笑着。酒精的作用让他们忘记了国家和民族的界限。他们是生意上的伙伴，是彼此信任的朋友。

　　这次来乌鲁木齐采购货物，赛力克特地带上了妻子加玛丽，明天他们准备去位于乌鲁木齐西南 30 公里的亚洲地理中心看看。赛力克的妻子是一名中学地理教师，很早就想来"亚心"看看。现在孩子们都已长大，她也退休在家，这次就随丈夫来新疆逛逛。

　　亚洲地理中心是 1992 年由中科院专家依据基于彭纳投影技术的亚洲地图测定出来的。它位于新疆乌鲁木齐永丰乡包家槽子村。现在，这里已经成为一个旅游景点。亚心广场周边矗立着 49 个国家的国旗和地图，将广场紧密环绕。亚洲中心大道的两旁是亚洲各国著名的雕塑——伊朗的《猎狮》、塔吉克斯坦的《神鹰》、科威特的《舟》、巴基斯坦的《和平万岁》、伊拉克的《汉谟拉比法典柱》、老挝的《祝福》等，无不象征着亚洲各民族的精神气质，展示着各国人民的文化追求，体现着多元文明的共存。

亚洲地理中心标志塔

初春的亚心，周围空地上还残留着片片冬雪，不甘寂寞的几棵小草争先恐后地钻出地面，给白色的田野带来几抹新绿。暖暖的春阳斜照在展翅飞翔的巨大雕塑上。加玛丽望着那翱翔的雄鹰，陷入了深思，仿佛回到了古代铁戈征战、民族迁徙、部族征服与被征服、族群融合繁衍生息的历史场景中。

哈萨克族的成长史就是部族的相互征战和交融史。"哈萨克"一词来源于突厥语，是自由人、流浪者之意。哈萨克汗国建立于15世纪后半叶。以放牧为主要生产方式的哈萨克人，以氏族和部落为主要生产单位，在游牧的过程中逐渐形成了三大群体——大帐（大玉兹）、中帐（中玉兹）和小帐（小玉兹）。

随着现代意义国家的建立，生活在中亚地区的哈萨克族分属于不同的国家，在地缘上有着隔山隔水割不断的亲情。加玛丽的一个远房表姐就在新疆阿勒泰地区居住。随着交通越来越便利，两家的走动也愈加频繁。

亚洲中心和平广场

　　当前新疆与中亚跨界民族有各自的地缘属性，但新疆与周边国家的亲缘关系是割不断的。新疆与周边地区无论在宗教信仰、风俗习惯还是人种方面，都具有高度的亲缘性。各个族群在这片土地上繁衍、征战、交融，有些部族消亡在历史的长河中，另一些部族通过武力、通婚、贸易等手段吸收、接纳了其他部族，融合形成新的民族。新疆与周边的历史就是一部战争史、民族融合史和贸易发展史。

　　漫漫丝绸路将东西方文明连接在一起，悠悠驼铃声使东西方商贾聚散在此处。地处欧亚大陆腹地的新疆，是古丝绸之路的要冲，东西方文明的汇合之地。新疆也是民族迁徙的走廊，多元文化在这里融合，多种宗教在这里传承。新疆与蒙古、俄罗斯、哈萨克斯坦、吉尔吉斯斯坦、塔吉克斯坦、巴基斯坦、阿富汗和印度八个国家接壤，是西邻八国的亚洲地理中心。

新疆对外开放的春天

20世纪六七十年代，由于历史的原因，赛力克与新疆伊犁哈萨克自治州布尔津县的远房亲戚失去了联系，相互的思念只能埋在心里。有时候，赛力克望着高耸的伊犁山，惦念着山那边自己的表弟、表妹、表叔、表婶，不知道他们生活得如何。隔山涉水的思念常常折磨着赛力克的心。

迈出向西开放的脚步

那是个乍暖还寒的春天，中国的一位老人提出改革开放的思路。远在中国边陲的新疆沐浴着改革开放的春风，悄悄地变化着。这一年，

布尔津县禾木村秋色

赛力克大学毕业，并顺利找到了工作，在阿拉木图市一家国有工厂上班。然后是甜蜜的恋爱，赛力克俘获自己大学学妹加玛丽的芳心，两个人最终走向婚姻的殿堂。听说中国对外开放的消息后，赛力克尝试着给在新疆的亲戚邮寄信件以取得联系。1979年，中苏关系逐步走向正常化，赛力克离到新疆来走亲访友的愿望更近了一些。

那时的新疆，乌鲁木齐、石河子和吐鲁番3个市县已率先对外开放，揭开了新疆对外交流的新篇章。1980年，新疆第一个中外合资企业天山毛纺织有限公司成立。这是新疆引进外资的成功案例。中国与苏联接壤的霍尔果斯口岸于1983年11月16日经国务院批准，恢复对苏联哈萨克斯坦加盟共和国和第三国开放。1978年，中国新疆与巴基斯坦接壤的红其拉甫口岸恢复了易货贸易。1986年，新疆维吾尔自治区政府做出"全方位开放，向西倾斜"的决策。1988年，国务院以《研究新疆开放工作纪要》的形式，把只限于乌鲁木齐、伊宁、石河子和喀什4市的外商投资企业进口物资免征关税的优惠政策，扩大到阿克苏、库尔勒、吐鲁番、哈密等市；赋予新疆派驻国外经济机构审批权；批准霍尔果斯口岸对第三国人员开放。同年，国家外经贸部授权新疆先后批准了伊犁、塔城、阿勒泰、昌吉和喀什5个地州的外资公司享有对苏、蒙边境的易货贸易经营权。口岸的开放给新疆商品进入哈萨克斯坦提供了窗口。那时的霍尔果斯口岸，边民互市是最流行的贸易方式。易货贸易，各取所需。在口岸边民互市上，苏联居民用军用望远镜、打火机等物品换取新疆的白砂糖、轻纺制品。

赛力克与失去联系多年的亲戚获得了书信来往。在经济体制改革方针的推动下，赛力克的表弟杜曼承包了原本属于集体财产的几十亩草场，并分得了数十只绵羊和几十匹马。生产积极性被调动起来后，杜曼起早贪黑地放养自家的牲畜，一年四季在夏牧场和冬牧场上轮流放牧。他心里想："依靠自己的汗水，存栏更多的牲畜，只要勤快就

能过上好日子。"

　　1989年，新疆又确定了"全方位开放，向西倾斜，内引外联，东联西出"的方针。1989年，国务院又批准伊宁市、博乐市等13个城市对外国人开放，使新疆对外开放的县市增加到25个。经外经贸部批准，新疆地方贸易进出口公司享有与民主德国、波兰、匈牙利、捷克斯洛伐克、保加利亚、罗马尼亚和蒙古人民共和国等直接进行经济贸易的经营权。

　　赛力克工作后的10年间，不但获得了爱情，也孕育了新生命。儿子、女儿的接连出生，给这个传统的哈萨克家庭带来了活力，平添了希望。书信的频繁往来，也平复了赛力克挂牵亲友的心。表弟杜曼靠着勤劳的双手娶妻生子，安逸的生活平平淡淡，只是偶尔也想念在外伊犁山那边的表哥一家，想着伊犁山共同滋养了这片草原，抚育着哈萨克人的繁衍生息。

对外开放的发展

　　1991年底至1992年对于赛力克来说，是命运剧变的一年。苏联在没有预兆的前提下，突然宣布解体。伴随着苏联的解体，原本还是一个国度的中亚地区，瞬间被划分为5个独立的国家：哈萨克斯坦、吉尔吉斯斯坦、塔吉克斯坦、乌兹别克斯坦和土库曼斯坦。1991年12月，哈萨克斯坦独立后的阵痛快速传播到普通百姓生活的方方面面，物价飞涨、大量工厂倒闭、货币贬值。赛力克所在的工厂在1992年倒闭，他成为众多失业者中的一员。看着嗷嗷待哺的孩子们，赛力克想到了远在中国新疆的表亲们。

　　那时的新疆沐浴在快速全面开放的春风中，全方位向西开放的号角已经吹起。1992年3月，新疆维吾尔自治区政府做出了《关于加快改革开放步伐，加速新疆经济发展的决定》。1992年4月，新疆在

乌鲁木齐人民公园

给国务院《关于新疆维吾尔自治区进一步扩大对外开放问题的请示》中，提出了"两线"开放的总体设想，即以边境沿线开放为前沿，以铁路沿线开放为后盾，以"两线"城市开放为重点，形成点线结合、以点带面、向全区辐射的开放格局。

赛力克给表弟写信，希望到新疆伊犁来探亲。他想看看新疆的对外开放到底进行到什么程度，因为以前的同事现在做起了"倒爷"的生意，将新疆市场上的运动衣、旅游鞋倒卖到阿拉木图，赚的钱比在工厂上班的工资多。赛力克在临行前也买了些苏联时期的军刀、军用手表、羊毛披肩和套娃等物品。如果在中国市场上变卖这些东西，就可以赚取高额差价。哈萨克斯坦市场上对中国的轻纺制品有巨大的需求，特别是儿童服装鞋帽、文具百货利润丰厚。赛力克似乎从中嗅到了巨大商机。

为了适应周边国家相继独立的现实情况，1992年6月9日，国务院同意新疆进一步扩大开放的总体设想，制定了8条优惠政策，包

括赋予新疆扩大地边贸易经营权，下放外资项目审批权，伊宁、博乐、塔城 3 市享受沿边开放城市的优惠政策，乌鲁木齐享受沿海开放城市政策等。同月，国务院又下达了《关于进一步积极发展与原苏联各国经贸关系的通知》。至此，新疆的对外开放开始走上规范化快速发展的轨道。

在赛力克的表弟杜曼家里的草场上，几百只羊悠闲地吃着草，这是杜曼家里所有的财产。草场承包到户后，杜曼的生产积极性被调动起来了。春天，杜曼赶着羊群从冬牧场转移到夏牧场。看着那些怀孕的母羊，杜曼感到自己一个冬天的辛苦没有白费。用不了几周时间，家里就会增添许多小羊羔，孩子的学费、家里的生活费都寄托在这些羊身上。苏联的解体、哈萨克斯坦的独立着实让杜曼困惑了一段时间；当前新疆改革开放趋势，以及新疆与周边国家商品的互补性也让杜曼感到自己勤劳致富的希望。

第一次从新疆与哈萨克斯坦接壤的陆路口岸霍尔果斯入境，赛力克多少有些兴奋，中国新疆的一草一木都让他感到新鲜。虽然霍尔果斯河两边的自然风光大体相近，但出了中国边检，赛力克免不了有些激动，因为就要见到亲人了。新疆批准伊宁享受沿边开放城市优惠政策的情况，让赛力克感到了欣喜。1992 年，霍尔果斯口岸已经开展了边境居民易货交易。路经这个市场，赛力克专门去看看到底什么产品畅销，下一步自己也谋划在这里倒卖一些商品。

新疆对外开放最显著的举措是从 1992 年起，由新疆维吾尔自治区政府牵头，组织召开乌鲁木齐对外经济贸易洽谈会。洽谈会的主要目的是搭建一个平台，让新疆周边的客商来新疆采购货物，给中国东部的企业提供一个向西突破的窗口。从 1992 年至 2010 年，新疆成功举办了 19 届乌鲁木齐对外经济贸易洽谈会。"乌洽会"已成为中国西部及周边国家颇具影响力的经贸盛会。

赛力克高价卖掉了自己这次带来的各类商品。握着手里的人民币，

牧民转场

赛力克盘算着进什么货物到阿拉木图市场上最好卖。表弟杜曼提醒他，现在哈萨克斯坦的商人大批量倒卖中国的运动服、运动鞋，虽然表面上这些商品畅销，但风险很大，不如倒卖一些其他商人不经营的铅笔、橡皮等文具。于是，赛力克将自己手中所有的人民币都换成文化用品，打包托运回阿拉木图变卖。这次新疆之行着实让他赚了不少钱，并尝到了当"倒爷"的甜头。

对外开放的深化

在新世纪来临的时候，中国政府提出了"西部大开发"的战略。新疆这个拥有丰富物产和多元文化的西部省份，被纳入到"西部大开发"的战略中。新疆的物产将被更好地利用，产生的经济效益会惠及万千民众。

新疆面临的是周边巨大的市场，新疆背后依靠的是中国东部的强大产业链。1999年9月，中国政府提出实施"西部大开发"战略。2000年4月，新疆维吾尔自治区政府明确提出：要实施大开发，必须进一步扩大对外开放，努力营造一种新的开放格局，以大开放促进大开发。为此，新疆维吾尔自治区政府颁布了《新疆维吾尔自治区鼓励外商投资若干政策规定》，2002年又制定了该规定的实施细则，以及关于税收优惠、改善投资软环境、土地使用和矿产等一系列法规。

赛力克从1992年起从事边境小额贸易，刚开始仅仅是在霍尔果

霍尔果斯口岸

斯边民互市上出售哈萨克斯坦的特产。到 1994 年，赛力克看到哈萨克斯坦对中国轻工产品有极大需求的商机，他毅然决然地在阿拉木图市的市场上租下了一个摊位，专门销售产自中国的运动衣、运动鞋、童装和文化用品。他清楚地记得，当时在中国采购的价值 1 毛钱的铅笔，在阿拉木图的商场中可以买到 1 元人民币。那时，边贸生意相当好做。1999 年，在表兄赛力克的劝导下，杜曼将自家的草场和牛羊交给弟弟乃比经营，自己和表哥一起做起了边贸生意。随着通讯技术的普及和提升，只要赛力克那里需要什么，杜曼就快速组织进货发运。两兄弟密切配合，其乐融融。

2000 年以后，新疆获得国家空前的政策和资金支持。中国政府批准设立乌鲁木齐进出口加工区；中哈两国政府批准设立跨国界的中哈霍尔果斯国际边境合作中心；2005 年，新疆维吾尔自治区政府批准每年在南疆重镇喀什举办"新疆喀什·中亚南亚商品交易会"……一系列重大举措的出台，开创了新疆全方位、多层次、宽领域对外开放的新格局。

2005 年以后，杜曼看到了国际联运物流的商机，自己成立了货运公司，地址选在商户云集、货物集散量大的乌鲁木齐二类口岸边疆宾馆。公司的客户也不仅仅局限于哈萨克斯坦商户，塔吉克斯坦、吉尔吉斯斯坦、乌兹别克斯坦的商人也是他的座上宾。

2001 年以后，赛力克将自己采购货物的地点选在了乌鲁木齐。随着哈萨克斯坦经济的快速发展，对中国商品的需求结构也悄然发生着变化。1992 ~ 1999 年，中亚客商对中国的轻工产品，尤其是鞋帽、服装的需求量极大。2000 年，哈萨克斯坦人均 GDP 为 1229 美元，2008 年达到 8451 美元。这时，哈萨克斯坦对中国商品的需求由低端的轻工产品，转向中高端的建材、装饰用品、汽车配件、机械产品和农产品等。2005 年以后，赛力克开始在乌鲁木齐西域轻工基地采购货物。从这一年起，他感到了边贸竞争所带来的压力：生意没有以前

2010年9月2日，哈萨克斯坦客商在乌洽会会场江苏展位选购产品。

那么好做了，利润也在下降。就在这一年，看到乌鲁木齐边疆宾馆附近来自中亚、南亚、俄罗斯的客商很多，他萌发了在此地开设一个西餐厅的想法。从目前的贸易中转型，去做投资和实体经济是他当时最大的愿望。2007年，赛力克在新疆乌鲁木齐延安路开设了独资的西餐厅。餐厅的定位是俄式西餐，招牌菜是罗宋汤。

赛力克的想法与当时新疆的外贸投资环境十分相符。2008年底，新疆共有17个国家一类口岸、12个二类口岸和已经审批的工业园区（开发区）34个，累计入驻企业8172家，完成投资998亿元，与世界上100多个国家和地区建立了经贸关系。新疆已成为中国开拓中亚、南亚、西亚和东欧市场的前沿阵地。

2008年，国际金融危机波及哈萨克斯坦，依靠资源类产品出口的哈萨克斯坦陷入了债务危机。赛力克是这场危机的受害者之一。他从中国进口的建材失去了销售市场，积压在阿拉木图的仓库中。眼看银行的贷款就要到期，按时还款的难度太大。这段时间，赛力克最主要的任务就是去阿拉木图各处工地催收货款。这是他经商多年来最艰难的时期。与此同时，表弟杜曼的托运公司却经营得有声有色。依靠新疆对外开放政策的惠及，杜曼家里6位青壮年劳动力实现了生产转移。杜曼一家的牲畜都由妻弟代为放牧，其他劳动力在杜曼的公司工作。如今，他们一家在布尔津县城购买了商品房，日子过得红红火火。

杜曼得知表哥的生意受全球金融危机的影响而出现困难时，第一时间向表哥伸出了援手，帮助赛力克偿还了部分到期的银行贷款。直到现在，每当想起当时的情景，赛力克都会感慨地说："要是没有兄弟的帮忙，我现在肯定破产在家度日呢。"

2010年以来，在中央政府的帮助下，新疆继续大力实施向西开放战略，提出充分利用好国际和国内两个市场、两种资源，支持有实力的区内外企业与周边国家积极开展以资源互补为主的深层次合作，不断拓展新疆与周边国家人流、物流、资金流和信息流的双向大流通；

吉木乃口岸边民互市

霍尔果斯口岸国际商贸中心

全方位扩大对内对外开放步伐，促使新疆对外开放提升为国家战略，加快建设一批对外开放经济区；鼓励新疆企业开展对外投资合作；发展面向周边国家的外向型产业，努力把新疆打造成中国对外开放的重要门户和基地；抓住中国将乌洽会升格为"中国—亚欧经贸博览会"以及批准设立喀什、霍尔果斯两个特殊经济开发区的重大历史机遇，从国家层面进一步扩大新疆对内对外开放。

这些年来，赛力克不断扩展自己的生意，从单纯的贸易领域扩大到投资领域。赛力克在乌鲁木齐有自己独资经营的餐厅和酒吧，在表弟杜曼的托运公司中持有股份，在阿拉木图、阿斯塔纳有自己的批发商店。

赛力克在20年的经商过程中不断调整经营策略，并在乌鲁木齐、伊宁、霍尔果斯结识了不少各民族的朋友。最让赛力克高兴的是，他还学会了简单的汉语日常用语。老友的相聚分外珍贵，笑容始终挂在赛力克微微泛红的脸庞上。新疆的对外开放使一批企业迅速成长，使一群像杜曼一样的年轻人从土地中解放出来，实现了就业的现代化。像赛力克这样的客商正让新疆古丝绸之路重新焕发光彩。

走向世界的名片

　　新疆与周边国家有着悠久的历史、文化和经贸联系，经济互补性使新疆成为中国向西发展的桥头堡。

　　赛力克从1992年开始从事边境小额贸易，那时他主要在哈萨克斯坦与新疆的霍尔果斯口岸的边民互市市场上经营一个小摊位，贩卖一些苏联时期的望远镜、打火机、军用手表、纪念徽章、套娃和羊毛披肩等；在资金许可的情况下，将哈萨克斯坦急需的服装、鞋帽等轻工产品倒卖到阿拉木图的市场上。赛里克回忆说，那时生意的利润大，只要勤快就能够赚钱。他也是在1992～1995年赚取了自己的第一桶金。让许多做边贸生意的人感到困惑和疑虑的是，1994年以后边贸信息不畅，大家看到边贸赚钱，蜂拥而上，在阿拉木图中国商品交易市场上堆积着各类服装、鞋帽和日用百货品；有些人赚钱了，而另一些人则赔光了本钱。新疆与周边的贸易往来需要一个互相沟通、相互展示的平台。

　　为了更好地扩大新疆向西开放的力度，向世界展示新疆开放的一面，也为了让新疆周边的客商更好地了解新疆产品，新疆的对外开放需要一个平台。于是，乌鲁木齐对外经济贸易洽谈会应运而生。

与乌洽会共成长

　　鉴于新疆向西开放的定位，乌鲁木齐对外经济贸易洽谈会成为了展示新疆经济发展活力的名片。乌鲁木齐对外经济贸易洽谈会，简称"乌洽会"，首届于1992年9月2日～10日在乌鲁木齐召开。洽谈会的目的主要是促进新疆与周边国家的经贸联系，搭建一个外商洽谈贸易的平台。当时新疆对外贸易的主要对象是新疆周边的中亚五国、巴基斯坦和原东欧各国。

　　1992年7月，我怀揣着梦想从新疆大学外语系俄语专业毕业。当时的新疆对俄语人才的需求极其旺盛，我被分配到了商业厅所属的

乌洽会场馆外人山人海

国营外贸公司，从事俄语翻译工作。那年 9 月，我有幸参加了首届乌洽会，主要承担与外商谈判的翻译工作。到现在，我还记得新疆自治区展览馆中那较为狭小的场地。我们公司的摊位上陈列着各类商品供外商挑选，此外还有介绍公司产品的画册。在洽谈会前，公司的领导就给我们几个翻译进行了分工。我现在已经记不清当时的具体工作，印象最深刻的就是，乌洽会前我夜以继日地翻译各种文件、合同、产品说明和邀请函。辛劳自然不必说，但其中的收获也不少。公司在当年乌洽会上签订了 1000 多万元的贸易合同，主要是易货贸易的形式。公司用 500 吨白砂糖换回 500 架钢琴，这是我担任全程翻译的首笔合同，因而记忆犹新。这届洽谈会上，中方的参展单位主要以国营外贸

公司为主力，国企垄断外贸经营权的特点非常突出。外方的参展人员主要是各大国营进出口公司邀请的外商，以及主办单位新疆维吾尔自治区政府邀请的中亚国家和巴基斯坦、俄罗斯等国家的商务参赞、海关、商检等官员。

据乌洽会办公室统计，从9月2日至10日，历时9天的首届乌洽会经贸成交额达17.9亿美元，内贸及合作成交15亿元人民币；共有来自38个国家和地区的1683名外商，27个省、区、市的29个外贸、工贸总公司的668个企业、公司代表参会，参展人数超过5000人，连同新疆各地、州、市的观摩人员，总规模在万人以上。

1991年苏联解体后，新疆周边的中亚地区5个原本经济联系紧密的国家突然被人为地割裂开来，经济的脆弱性暴露无遗。就在这个时候，新疆把握住了对外开放的契机，适时召开了乌洽会。现在想想，

第18届乌洽会会场

第18届乌洽会上展出的伊朗地毯

在乌洽会上签署的对外合同金额和对内合作的数据更多是对外贸人的鼓舞，乌洽会最重要的意义在于平台的搭建。政府出面搭建的会展平台极具影响力，会展业不但能带动房地产业、宾馆业、餐饮业、交通业、商业、旅游业等相关产业蓬勃发展，还能成为城市经济增长的一个重要支点。据专家测算,国际上展览业的产业带动系数大约为1：9,即展览场馆的收入如果为1，其带动的相关社会收入则为9。

随后的1993～1999年，每年9月初，乌洽会都如期召开。我也作为公司的翻译，每年参加乌洽会。展会的布展形式、管理水平、邀请外商的规模在不断提高，进而有外商购买摊位来推介自己公司的产品。展会的展厅也进一步细化并与国际接轨。参展的产品由最初的低附加值的服装鞋帽、玩具、床上用品，发展到后来的工程机械、电子产品、汽车用品等。

乌洽会给我们外贸公司带来了机遇。给我印象最深的是，乌洽会邀请的客商不局限于新疆周边的国家，来自世界各地的客商云集乌鲁木齐。记得那是1996年的乌洽会，我们在展位上接待了几个

来自朝鲜的客商。在以前的印象里，朝鲜人很少到中国西部的新疆做生意。由于朝鲜客商的俄语水平有限，我们又不懂朝鲜语，那场谈判是我从事俄语翻译工作以来最让人流汗的。我们用俄语、英语、肢体语言加上计算器，终于签署了合同，但是在结算问题上分歧较为明显：我们希望用美元或是人民币结算，但朝鲜客商坚持用俄罗斯货币卢布结算。最后，我们达成一致意见：采用易货贸易形式，朝鲜商人用产自哈萨克斯坦的废钢换取中国新疆的粮食制品。这一年的10月～11月，价值100万元的食品供货合同顺利完成。乌洽会外商结构的多元化，提升了乌洽会的国际化水平。

1999年以后，乌洽会最明显的特点是"国退民进"。之前，新疆对外贸易的经营权垄断在少数国有外贸企业手中；随着新疆改革开放的进一步深化，1999年，新疆国有外贸企业转制，民营外贸企业异军突起。乌洽会的参展主体发生了巨大变化，民营企业、个体参展的成分增多，外商组团参展越发普遍。巴基斯坦商会展示的主要商品是巴基斯坦的手工艺品；哈萨克斯坦商会参展的商品主要是农产品、粮食制品、棕榈油等；吉尔吉斯斯坦商会参展的商品主要是羊毛、羊皮原

巴基斯坦工艺品展位

乌洽会上做推销

料及其制品；乌兹别克斯坦商会带来了其传统的棉纺手工制品及长绒棉等。来自台湾和香港地区的客商也组团参展，并布置了精美的展示区，体现了乌洽会参展客商的多样性。

由于我所在的外贸企业改制，2000 年，我成为了自由翻译者，并受雇于香港的一家玩具企业，担任这家企业的展会翻译工作。也就在这一年，我在乌洽会上认识了赛力克，并成为多年的好友。2000 年，赛力克到乌鲁木齐采购一批圣诞树和毛绒玩具，并且第一次参加了乌洽会，第一次将自己的业务中心由伊犁转移至乌鲁木齐。他认为，乌鲁木齐有更多的中国东部客商，有更为便利的银行结算系统，有发达的物流运输，最主要的是有更为低廉的价格优势。在这次乌洽会上，赛力克结识了来自新疆以外的许多供货商，他对自己的外贸生意也有了更多的谋划。赛力克订购了 1000 棵圣诞树和一个货柜的毛绒玩具。他说："一小部分货物将在圣诞节前，在我阿拉木图的商店里销售，

另一部分货物将被批发到中亚的吉尔吉斯斯坦、乌兹别克斯坦、塔吉克斯坦。我现在的生意是批零兼营，批发是这几年才开始从事的，主要是因为哈萨克斯坦周边对中国商品的需求旺盛，特别是乌兹别克斯坦和新疆没有直接接壤的口岸，乌兹别克商人就从我这里批发中国商品。"这次的合同执行得十分出色，无论是圣诞树还是毛绒玩具的包装、运输、结算，赛力克都从中享受到高标准、国际化水准的服务。由此，我和赛力克成为了朋友。乌洽会服务水平的提高促进了贸易的规范化。也就是从 2000 年起，新疆与周边的贸易逐渐走上了正轨，改革开放初期的易货贸易逐渐退出了历史舞台。

2003 年以后的乌洽会给我印象最深的是，电子会展服务的出现，使得会展信息的查询、会展资料的查找、会展签约信息的发布等更为便捷。2003 ～ 2009 年的乌洽会会期缩短，签约率、履约率有不同程度的提高，特别是对社会的影响力不断扩大——不管是在新疆周边的中亚、南亚地区，还是与新疆隔山隔水的欧美、亚太，一提起乌鲁木齐的对外开放和对外贸易，就有外商赞不绝口地讲述自己的乌洽会经历。

乌洽会拉动了乌鲁木齐等相关城市快速实现现代化，解决了一大批城市人口的就业问题。庄杰来自河北的一个乡村，2003 年考入乌鲁木齐职业大学外语系俄语专业。在 2005 年学校组织的实习中，她参加了乌洽会志愿服务团队。庄杰利用参加乌洽会的机会历练了自己的俄语、英语水平，在大三还没有毕业的情况下就与一家民营外贸企业签约。"课堂上教授的俄语，与实际中运用的俄语有较大的差别。是乌洽会的平台让我提高了俄语口语水平，并找到了满意的工作。"庄杰这样对我说。再次见到庄杰是在 2010 年的乌洽会上，她已经结婚生子，享受着城市生活的美好。

认识王勇是在 2005 年的乌洽会上。我去复印护照，匆忙之中，我将护照原件忘在王勇的复印摊点上。等下午闭馆时，我才发现护照

哈萨克斯坦客商向参展客商推介新技术、新产品

遗失。让我感动的是，王勇一直在复印摊位上等我取回护照，由此，我们成了好友。王勇来自乌鲁木齐县农村。由于家里土地种植效率低，初中毕业的他来到乌鲁木齐，开始在博览中心附近的一家打字复印店里当学徒。后来，他决定自己单干，并于2003年购买了电脑、复印机、速印机，在乌洽会上为客商服务。每年乌洽会期间的收入占其全年收入的1/5。现在，他在新疆展览馆的打字复印店还在亚博会的会展中心开了分店。2003～2010年，王勇的打字复印业务从一个小摊点发展成为一家集印刷、排版、翻译、会标设计为一体的综合性公司。王勇也把在家乡务农的弟妹接到了乌鲁木齐当助手。2010年，他在乌鲁木齐购买了商品房，把在土地上辛苦了一辈子的父母接到城市安享晚年。

从1992年第一届乌洽会到2010年第19届乌洽会，我大多是以翻译的身份为展会和参展商服务。这期间我结婚生子、考硕读博、出国访学，逐渐长大成熟。乌洽会伴随着我的青春岁月，岁月的沉淀让

我更加理性地思考人生。乌洽会见证了新疆外贸的进程，一代人伴随着乌洽会成长起来，许多人因乌洽会而改变了自己的命运，我也是其中的一员。

亚博会的起航

2010 年，中国政府提出将乌洽会升格为中国—亚欧博览会（简称亚博会），进一步扩大博览会在中亚、西亚、南亚乃至欧洲的影响力。

非常遗憾的是，2011 年首届亚博会召开期间，我正在俄罗斯访学，没有参加。据赛力克介绍，首届亚博会给他印象最深的是新场馆的使用。新疆国际会展中心的启用，为亚博会增姿不少。会展中心的造型宛如一轮升起的明月，有"明月出天山"的意境。"听亚博会的志愿者讲，新疆国际会展中心的两边还将修建一对张开的钢结构'翅膀'，寓意新疆维吾尔自治区蓬勃发展。会展中心的面积比以前乌洽会展厅的面积大多了：室内面积达到 4.5 万平方米，设国际标准展位 3000 个；室外展场面积有 5 万平方米。会展中心设有国际会议中心和一家星级酒店，我去的时候正在建造呢。看着那些高高竖起的脚手架和起吊钢梁，估计规模挺大的。哈萨克斯坦阿拉木图也有个会展中心，但比不上亚博会的会展中心。亚博会的志愿者给我留下了很深的印象。走在这个巨大的展厅里，我不时会走错方向。那些笑容可掬的志愿者，总是不厌其烦地回答我的询问。他们的俄语发音虽不完美，但恳切的笑容却挂在脸上。亚博会邀请的外宾不止是新疆周边地区的客商，世界各地的采购商我都看见了，他们操着英语、俄语、阿拉伯语、哈萨克语、吉尔吉斯语、西班牙语、法语。总之，新疆外贸多元化的趋势明显。"赛力克细细回忆着 2011 年亚博会的情况，为我述说着。我仿佛也身临其境。

2011 年的首届亚博会累计实现对外经济贸易成交总额 55.06 亿

美元，其中出口成交总额 23.75 亿美元，进口订货总额 22.33 亿美元，对外经济技术合作项目成交 8.98 亿美元；累计成交单位共有 22 个，其中 12 个为区外组团单位。

"亚博会还有一个巨大特色是中国东部发达地区的参展商陡增。他们用广东话、福建话、北京话、上海话、闽南话和我打招呼，但我一句都没有听懂。那么多种类的汉语表达方式在我耳边此起彼伏地响起，中国的方言地域性太强了。"赛力克风趣地说。

首届亚博会完成的国内内联合作项目和国内贸易合同签约总额达到 7930.26 亿元。其中，内联项目合同签约总额 7854.17 亿元，国内贸易合同签约总额 76.09 亿元。

"亚博会邀请的国家领导人规模是我想象不到的。那么多国家领导人和我一样被新疆的魅力所吸引，来亲身体会亚博会的风采呀！中

新疆国际会展中心

首届中国—亚欧博览会与各国家（地区）成交情况① **（单位：万美元）**

国家（地区）	成交总额	出口成交	进口订货	外经合作
合计	550600	237514	223287	89799
哈萨克斯坦	283426	162924	108502	12000
乌兹别克斯坦	105485	345	105140	
俄罗斯	35765	34000	1765	
中国香港	30046			30046
美国	19020	3010	147	15863
塔吉克斯坦	14369	14355	14	
英属维尔京群岛	13044			13044
中国台湾	10268.5	0.5		10268
吉尔吉斯斯坦	8181	6031	2150	
法国	8014	8000	14	
萨摩亚	6211			6211
蒙古	5167	927	4240	
伊朗	2194	1476		718
日本	1459	1459		
马来西亚	1973	323		1650
奥地利	925		925	
印度	910	910		
德国	669	369	300	
乌克兰	609	609		
意大利	590	590		

———————

①资料来源：新疆国际博览事务局

首届中国—亚欧博览会与各国家（地区）成交情况（续）（单位：万美元）

国家（地区）	成交总额	出口成交	进口订货	外经合作
沙特阿拉伯	406	406		
加拿大	303	303		
南非	292	241	51	
阿富汗	264.5	264.5		
英国	203	203		
菲律宾	200	200		
巴基斯坦	197	197		
苏丹	150	150		
印度尼西亚	79	79		
阿联酋	73.2	73.2		
芬兰	30	30		
土库曼斯坦	29	1	28	
丹麦	25	25		
墨西哥	12	12		
西班牙	11		11	
泰国	1	1		
土耳其	0.8	0.8		

国的国家副总理也赶来参加了。"赛力克接着说道。

如果说乌洽会是停留在贸易层面的展会，那么亚博会就是多层次发展，从贸易层面招商引资、内引外联。在国家层面，邀请国内外主要领导人前往乌鲁木齐积极广泛参与亚博会，凸显亚博会的巨大吸引力。首届亚博会中方最高领导人为时任中央政治局常委、中国国务院

亚博会上展出的高科技产品

副总理李克强。而来自境外的嘉宾包括：巴基斯坦总统扎尔达里、吉尔吉斯斯坦代总统奥通巴耶娃、阿塞拜疆副总理沙里福夫、哈萨克斯坦副总理伊谢克舍夫、匈牙利前总理迈杰西，以及上海合作组织秘书长伊玛纳利耶夫、联合国贸易和发展会议秘书长素帕猜、联合国工业发展组织执行干事彼斯科诺夫、俄白哈关税同盟副秘书长斯塔琴科等国际组织代表。此外，来自32个国家的113位省部级以上嘉宾、国际组织负责人到会并出席相关重要活动。7位中国驻外大使、15位中国驻外商务参赞，以及部分跨国公司高管到会。

"贸易的签约是亚博会的硬实力，亚博会的交流活动是它的软实力。"赛力克的朋友——另一位哈萨克斯坦商人抢着对我说,"文化、科技的交流,各类论坛的召开,彰显新疆对外开放的气魄。新疆背后是中国十几个省份对她的援助和扶持呀!"

博览会上高新技术项目的引进,可以直接促进地区产业结构升级。当前新疆正处于重工业快速发展的阶段,石油、天然气开采和化工占比较大,现代制造业和高新技术产业比较滞后。首届亚博会上有来自全国 32 家国家级高新区的 153 家科技型企业参展,重点展示了电子信息、新能源、新材料、先进装备制造、生物医疗等领域的最新技术。上述产业的引进,将有利于新疆的经济产业结构向高新技术升级,有利于培育具有新疆特色的现代产业体系。

博览会期间举办的一系列以经济交流为主题的论坛活动,也取得了突出成果,很多就此形成机制性规则,如上海合作组织商务日、金融合作论坛、农业合作发展论坛、海外华商与新疆发展论坛等。此外,科技交流合作论坛、新闻部长论坛、中国—亚欧旅游合作与发展论坛、中外文化展示周等活动,共同组成"1+8"项论坛和专题活动并举的布局,提供了一次让新疆与世界多元文化精彩对话的机会。[②]

新疆的会展业突出了新疆的地方特色。例如,2011 年首届亚博会期间专门举行了"中外文化展示周"活动,内容包括大型文艺演出《丝路彩虹》、歌剧《热瓦甫恋歌》、新疆杂技团大型音乐杂技剧《你好!阿凡提》,以及吉尔吉斯斯坦艺术团演出等。在展区设计方面,哈密地区突出特产哈密瓜;伊犁地区突出自身亚欧大陆桥头堡的地位特征;阿勒泰地区展位则带有明显的哈萨克民俗风情。新疆女性"靓丽工程"展厅,"绣娘"和新疆 13 个世居民族服饰表演汇聚一堂,吸引了国内外宾客的关注。

---

②新疆国际博览事务局,新疆财经大学编:《"中国—亚欧博览会"年度报告》(2011),2012年,第115~123页。

第二届亚博会"大美新疆"文艺晚会隆重上演

　　"亚博会的召开使乌鲁木齐更加漂亮了。我第一次来乌鲁木齐，干净整洁的街道和鲜花铺设的花墙让人耳目一新。记得爸爸以前总是唠叨说，乌鲁木齐空气质量不太好，燃烧煤炭的粉尘悬浮在空中。但是，这次我感到乌鲁木齐的空气很纯净呀！"赛力克的女儿说道。"那是现在乌鲁木齐采取燃烧天然气取暖的结果。天蓝了，乌鲁木齐人的笑脸也多了。"赛力克解释说。

　　我倒是没太注意赛力克父女二人的争论，而是沉浸在自己的思索中：亚博会带给企业的是外贸订单，带给百姓的是就业岗位，带给外商的是优美的软硬环境。中国—亚欧博览会促成了会展品牌和城市品牌共赢。新疆亚博会的举办带动了以乌鲁木齐、喀什和吐鲁番等大中型城市为主体的城市会展群建设。其中，乌鲁木齐基本奠定了亚欧中心城市的地位，喀什作为南疆地区进出口、文化、经贸、交通核心城市的作用也得到加强。典型的区域导向型会展运作模式，让新疆与国内外的纽带关系加强，会展成为新疆城市对外宣传的窗口和经济增长的引擎。尤其是以中国—亚欧博览会、新疆喀什·中亚南亚商品交易会为代表的大型国际展会的连续成功举办，更令乌鲁木齐跻身国际名城之列，成为亚欧大陆腹地的商业明星。

会展经济扶助民生发展

新疆的会展业到底给普通民众带来了什么实惠呢？

赛力克打断我的沉思，笑着说："你们这些书生，应该好好改改写文章的风格了。那些晦涩的专业术语没有几个人看得懂，仅仅是你们学术圈里的人自娱自乐吧？"赛力克对我的批评相当尖锐。我笑着反驳道："那你给我讲讲，亚博会给新疆人带来了什么？"于是，赛力克把他肚子里的故事娓娓道来：

"胡明来自浙江，最初在乌鲁木齐沿街挑担售卖提包、书包等物品。

身穿新疆世居民族服饰的模特

乌鲁木齐城市风采

有一次在二道桥，我买了他的 3 个书包。他见到我那么认真地挑选包，就通过翻译问我在哈萨克斯坦市场上中国箱包的销售情况。我发现这个小伙子头脑挺精明的，就建议他在中亚客商聚集的乌鲁木齐边疆宾馆租个摊位售卖箱包。等到我来年再次到乌鲁木齐采购货物时，胡明果然在边疆宾馆租了摊位，专门售卖箱包。胡明的父母在义乌有自己的家庭工厂。中亚客商喜欢的款式，胡明会第一时间传给工厂制作，然后发运到乌鲁木齐销售。经过这些年的摸爬滚打，胡明的生意起起伏伏，但是主营外贸是他一贯的方向。现在互联网络相当发达，胡明将自己工厂制作的新款箱包资料通过网络传给国外客户，等客户选择好型号、预付款到账后，就可以根据订单进行生产，然后运抵客户指定的托运站，最后通过银行结算。2011 年，我在亚博会上见到了胡明。

他在展会上忙着与伊朗、巴基斯坦客商签单呢。他现在主要参加广交会拓展非洲市场，参加亚博会开拓中亚和南亚市场。我2011年也从他的工厂订购了一个货柜不同款式的书包、公文包、女士提包、旅行包。看我货款不够，他给我赊销了30%的货呢。"赛力克讲述着中国商人与他的友情。

正是这些微小的外贸个例，累计构成了新疆外贸巨大的进出口数据。新疆会展经济对外贸投资的拉动效应更大。下表显示出2006～2011年间乌洽会和亚博会外贸进出口成交额的变化，增幅显而易见。

2006～2011年乌洽会和亚博会外贸进出口成交额及所占比例[③]（单位：亿美元）

项目 年份	乌洽会和亚博会 外经贸成交总额	乌洽会和亚博会 进出口成交总额	新疆外贸 进出口总额	博览会进出口成交额 占当年外贸比例
2006	28.2	22.4	91.0	24.6%
2007	19.8	17.4	137.2	12.7%
2008	35.3	29.0	222.2	13.1%
2009	43.1	29.5	138.3	21.3%
2010	36.1	30.6	171.0	17.9%
2011	55.1	46.1	217.0	21.2%

"乌鲁木齐城市面貌的改观，也要归功于亚博会的召开。2011年6月我来乌鲁木齐，在城南的二道桥、山西巷一带，我就看到给居民楼加装保温层和粉刷外墙的工人顶着烈日工作的情景。这可是亚博会惠及普通百姓的项目呀！城市不但美化了，居民的居住环境也得到了改善。"赛力克接着说道。

---

③资料来源：新疆国际博览事务局

会展经济对第三产业的效应

建筑、广告、通讯
物流、设计、零售

回顾效应

旅游
园艺
环保
市政

旁侧效应

会展业

旁侧效应

财会
金融
法律
翻译

前向效应

会展信息管理系统开发
会展业经营管理水平提高
城市协调能力提升

是呀！我 2012 年从俄罗斯回来，一下子就感受到了乌鲁木齐环境的巨大变化。2011 年第一届亚博会期间，乌鲁木齐市投资了 11.92 亿元建成了西北地区一流的新疆国际会展中心，还投入了数十亿元用于整治城市环境和建设会场周边设施，包括会展大道、反季节绿化工程、BRT 快速交通等一大批配套基础设施。同时，乌鲁木齐拥有的星级酒店也从 2009 年的 92 家迅速增至 472 家。总体上，乌鲁木齐在城市环境卫生的保障工作、城市亮化工程、公共交通线路和车辆的增加与更新、住宿规模扩展、旅游配套设施建设等方面都有很大的改善。并且，在举办会展和政府实施促进就业措施的影响下，乌鲁木齐市当年安置城镇就业人员 8.75 万人，开发公益性岗位 3000 个，城镇登记

第二届中国—亚欧博览会一景

失业率降低到 3.48%。会展经济的发展对城市的带动作用非常明显。依托会展经济的发展，乌鲁木齐加速实施大型中心城市（群）建设，构筑中国西北地区重要的经济中心、会展中心和向西开放中心。

　　阿迪力在乌鲁木齐二道桥大巴扎售卖干果有几年了。每次我到大巴扎，他都会热情地接待我。2012 年第二届亚博会召开前，我见到他准备了上百箱的干果，就问他："这么多的货能卖出去吗？"他笑着说："去年首届亚博会，来的外商和内地客商太多了，我的货供不应求。今年我吸取教训，备足了货物。以前认为亚博会和我没什么关系，现在看来，亚博会给我们带来了那么多的商机和客源。外地客商对新疆的干果特别喜欢，一般都买上几包尝尝。"亚博会带给普通百姓的延展效应不容忽视呀！亚博会不但具有浓郁的地方特色，向世界展示了新疆文化和艺术风采，而且颇有成效地惠及了民生。

　　王林在亚博会的会展大厅从事保洁工作。"这里风吹不着，雨淋

展会品牌与城市品牌关系①

大型活动 → 城市整体环境改善 → 基础设施改善 → 提升游客满意度 → 提高城市美誉度

城市整体环境改善 → 社区及市内景点美化

城市市民参与 → 市民行为文明程度提高 → 提升市民满意度和主人翁精神

城市市民参与 → 提升地方旅游服务质量

城市经济发展 → 增加就业 → 城市经济持续发展

城市经济发展 → 增加城市收入

提高城市媒体报道率 → 旅游宣传 → 游客数目增加 → 提高城市知名度

城市品牌

大型活动品牌与城市品牌的相关性

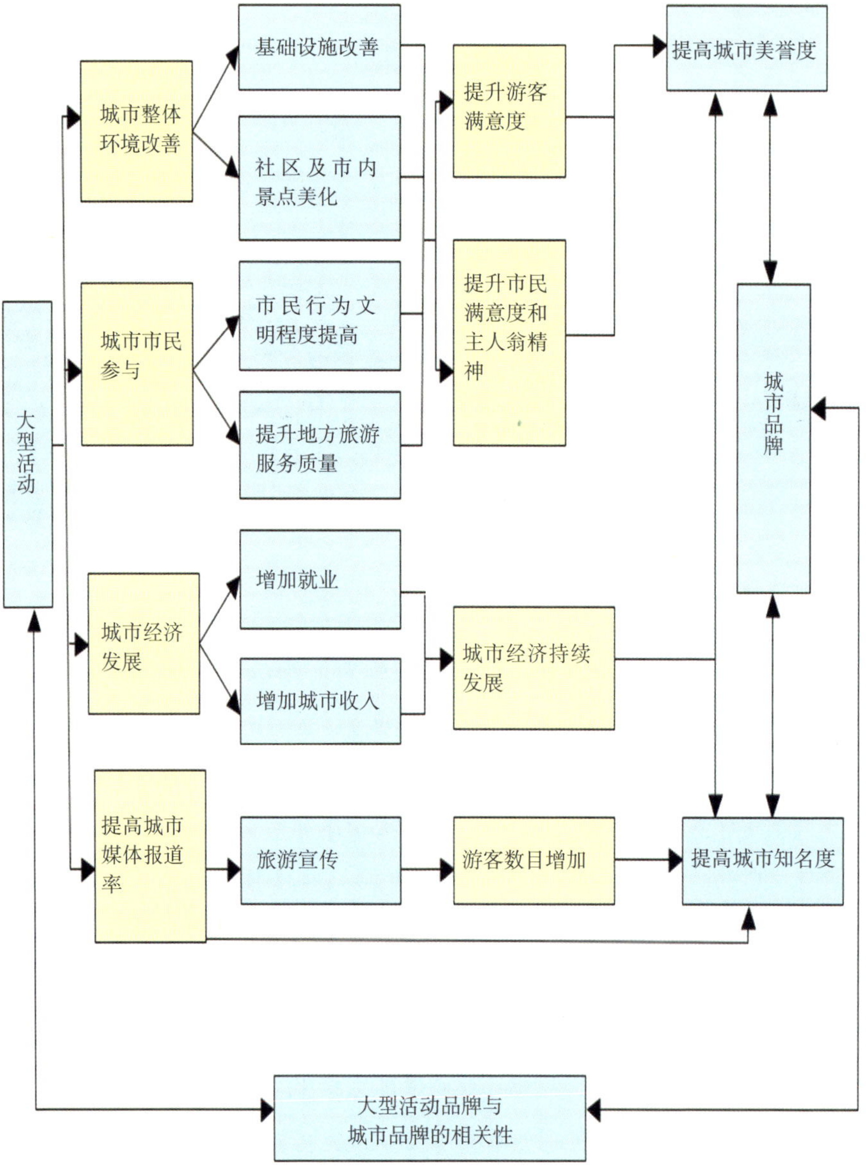

④新疆国际博览事务局，新疆财经大学编：《"中国—亚欧博览会"年度报告》（2011），2012年，第103页。

乌鲁木齐人民公园

不着，比在家里下地干活轻松多了。现在我们还引进了大型保洁机器，比以前手工扫地快捷多了。我做乌洽会和亚博会的保洁工作已经10年了。现在乌鲁木齐人的素质提高了不少，我工作也轻松了不少。"王林诚恳地说道。亚博会对促进就业和第三产业的带动效应不小。

　　大型展会的举办，有助于改善城市环境，刺激市民参与城市建设，推动经济发展，提高媒体宣传报道水平，充分发挥大型活动的集团效应，将展会品牌与城市知名度、美誉度有机结合，树立良好城市品牌形象，最终形成活动品牌与城市发展相互促进的良性循环。

我时常想，无论是乌洽会还是亚博会，政府提供的是一个贸易的平台，但产生的效益却远远超越了贸易的层次。像胡明、阿迪力、王林这样的普通人都能从中受益。生活就是这样，转变自己的一个想法，就能开拓一片属于自己的天空。每一届亚博会迎来的是不同的客商，但收获的是同样的喜悦。

新疆的会展业就像是一张通向世界的名片。新疆的会展业辅助了一批企业成长。无论是展会翻译、展会志愿者还是参展客商，都从展会这个平台上找到了自己的坐标。新疆的展会吸引了大量外商，外商看到了开放的新疆，看到了古丝绸之路上焕发青春的新驿站。

亚欧大陆桥

　　我经常会想，乌鲁木齐这个离海洋最远的城市，现在可以在当季就吃到产自海南的水果，在超市中可以随时买到海虾、带鱼、鳕鱼、螃蟹等水产品，在隆冬的圣诞节、元旦可以有娇艳的鲜花装点心情，是铁路、公路、航空运输的快捷让乌鲁木齐不再遥远。每当我轻点鼠标，在网店中购买我心仪的商品时，不过三两天的功夫就可以收到货物，是强大的物流网络让乌鲁木齐不再是难以通达的边塞。

　　赛力克对我说："现在，我在阿拉木图的家中就可以订购中国的轻工产品啦。我的客户将最新的产品放在网站上供我挑选。等我选定产品后，他们将样品快递到乌鲁木齐我表弟的托运站，我表弟杜曼通过航空快递将样品发往阿拉木图。我接到样品并查看产品质量后，就可以通过传真订购货物，并将货款汇给厂家。厂家收到预付款后，发运货物到杜曼的托运站。杜曼根据货物的情况，选择运输的路径。那些应季急需销售的货物将通过航空运输运到哈萨克斯坦，那些长期销售的货物通过铁路发往阿拉木图。那些有固定销售渠道、固定厂商供货的产品，我就选择网上采购，这样可以节约成本。但我还是会每年到乌鲁木齐采购两次货，一来可以看望老朋友，二来可以考察市场行情，看看到底有什么新产品可以在哈萨克斯坦开辟销路。"这些生意经，赛力克不会轻易告诉别人，但对我毫无顾忌。

　　这大概就是最简单的陆桥通途吧！商人选择最经济的运输通道，追逐利益的最大化。陆桥通路的开辟给通道沿线的经济带来了飞跃的契机。这也许是最单纯、最简单的陆桥经济吧。

陆桥的苏醒

　　在古代，人们用骡马将东方的丝绸贩运到西方，开启了东西方贸易的往来。贸易的不断发展促进了文化的交流。后来海上运输通道的开辟，使陆路贸易没落了。随着中国中东部经济向西部的辐射，陆桥

一架飞机正在装载货物

通道苏醒了。

苏联政府为了将西伯利亚地区的资源运往欧洲部分，建立了第一座亚欧大陆桥。第一亚欧大陆桥贯通亚洲北部，以俄罗斯东部的哈巴罗夫斯克（伯力）和符拉迪沃斯托克（海参崴）为起点，通过世界上最长的铁路——西伯利亚大铁路（莫斯科至符拉迪沃斯托克，全长9332公里），通向欧洲各国，最后到达荷兰的鹿特丹港，也称西伯利亚大陆桥。整个大陆桥共经过俄罗斯、中国、哈萨克斯坦、白俄罗斯、波兰、德国、荷兰7个国家，全长13000公里左右，沟通了太平洋和大西洋，带来苏联经济的快速发展。

新亚欧大陆桥的建立，为新疆经济注入了飞跃的活力。新亚欧大陆桥，又名第二亚欧大陆桥，是从中国的江苏连云港市和山东日照市等港群，到荷兰的鹿特丹、比利时的安特卫普等港口的铁路联运线。大陆桥途经山东、江苏、安徽、河南、山西、陕西、宁夏、甘肃、四川、青海、新疆11个省、区89个地、市、州的570多个县、市，到中国与哈萨克斯坦边界的阿拉山口出国境。中国段沿途的主要城市有连云港、徐州、商丘、开封、郑州、洛阳、西安、兰州、乌鲁木齐等。出国境后可经3条线路抵达荷兰的鹿特丹港。中线与俄罗斯铁路友谊站接轨，进入俄罗斯铁路网，途经阿克斗亚、切利诺格勒、古比雪夫、斯摩棱斯克、布列斯特、华沙、柏林，到达荷兰的鹿特丹港，全长10900公里，辐射世界30多个国家和地区。中国—吉尔吉斯斯坦—乌兹别克斯坦铁路的设计规划，彰显了新疆陆桥由单一化向多元化的发展。用赛力克的话说，2012年12月，中国与哈萨克斯坦的第二条铁路通道——霍尔果斯铁路的开通，使商人们多了一个通关路径的选择。

春萍是阿拉山口火车站铁路运输处的一名俄语翻译，2003年从新疆师范大学毕业后，到阿拉山口工作。当时的阿拉山口是新亚欧大陆桥主要的交通枢纽，承担着中国新疆对外贸易运输的重要角色。"山口就是风特别大的地方。刚下火车，我就被八九级大风吹得东倒西歪。这鬼天气！我诅咒着，心里凉了半截子。想到自己要在这里工作，那叫一个郁闷呀！"对于第一天到阿拉山口车站工作的经历，春萍还记忆犹新。"老站长给我们讲述了阿拉山口火车站开通的历史，以及当前承担主要物资运输工作的情况。经过岗前培训，我跟着一名老翻译开始了实习工作。我们翻译室的任务就是

新亚欧大陆桥东方桥头堡连云港的起点正在吊装集装箱

将火车的俄文运单翻译成汉语。由于货运火车是 24 小时运输，我们上班也是 24 小时都要有人值守。刚开始我十分不适应夜班，总是打瞌睡。带我的师傅就提醒我：翻译运单一定要仔细，我们山口的货物从哈萨克斯坦进口后，是要发运到全国各地的，如果翻译出现错误，那么运抵的目的地就会有偏差。我这才感到翻译责任的重大。随着一年实习期的结束，我慢慢适应了山口的翻译工作，也不觉得那么辛苦了。有时候我会想，那些中国东部省份需要的原油、钢材、棉花首先是经过我的劳动才得以流向下游产业的，自己的辛苦没有白费。"春萍神态自然地讲述自己与陆桥的联系。

听着春萍的讲述，我在想，新亚欧大陆桥沿线有中国资源富集的

阿拉山口火车站

巨型经济带，地域上横跨中国东、中、西三大地带，是中国境内经济交流、海陆经济融合的重要通道，也是欧洲、亚太经济联系的重要桥梁，在中国经济发展总格局中占有重要的战略地位。而新疆恰恰是这座陆桥西部的一个重要战略支撑，新疆在陆桥经济和发展中的重要作用逐步彰显出来。阿拉山口则是新陆桥经济带上的一个窗口。

也许我没有那么深刻地感受到陆桥的辉煌，但陆桥给我生活的城市带来的便利却不言而喻。有专家说，新亚欧大陆桥经济带是中国国际经济融合度最高的经济带之一，这条经济带有利于促进中国参与国际分工与合作，提高中国经济的外向度，加速与世界经济接轨。这是专业术语和官方言辞。我自身的体会是：改革开放以来，乌鲁木齐由昔日的边塞小城，逐步发展成为一座新兴的现代化国际城市，陆桥功不可没。

乌鲁木齐是陆桥经济带的物流中心。赛力克曾经对我说："我之所以将我的生意由伊犁转移到乌鲁木齐，就是因为看中了乌鲁木齐在亚欧大陆桥中的支点地位。乌鲁木齐是中国内地货物向周边分送的集散地。乌鲁木齐都市圈区域是全新疆的经济核心区，圈内城市间的经济联系紧密，物资运转频繁。高效的物流周转对促进该区域的发展作用显著。"乌鲁木齐作为中亚物流圈的核心城市，在经济、社会各项指标中占有绝对的优势。2012 年，仅乌鲁木齐一地的 GDP 就占全疆的 27%。

"我认同乌鲁木齐经济圈对周边的带动和辐射作用。我选在乌鲁木齐城南二道桥、边疆宾馆贸易圈内投资开办西餐厅，就是因为乌鲁木齐是亚欧大陆桥在新疆区域内的高端消费区。我的西餐厅每晚有70% 的上座率，周末还需要预约。在这个商圈内，潜在消费人群是来乌鲁木齐购物的中亚客商，以及在边疆宾馆二类口岸卖货的中国东部

乌鲁木齐市容

地区厂商代表。这类人群的消费能力普遍较高。在餐点的选择上，我的餐厅中午主要供应自助快餐类餐点，晚上主要供应中高端西餐、鸡尾酒等。陆桥经济带在新疆穿越的城市群中，乌鲁木齐的第三产业最为发达。第三产业的繁荣客观上吸引了更多的投资。我准备在乌鲁木齐再投资一个实体项目，现在处于考察阶段。"赛力克对自己的未来进行了细致的规划。他对新疆陆桥经济的分析比我还要透彻。

"乌鲁木齐在陆桥经济带上的物流作用近几年来越发显著。我在乌鲁木齐西域轻工基地开设托运公司，就是因为乌鲁木齐物流空间巨大，交通运输便利。"赛力克的表弟杜曼这样说。

乌鲁木齐周边中等城市石河子、昌吉、吐鲁番是都市圈内具有较快发展速度和一定发展潜力的区域副中心。乌鲁木齐的物流在空间结

连云港至莫斯科的过境集装箱运输班列

构方面的强首位性与区域副中心的支撑作用密不可分。乌鲁木齐在等级结构方面表现出强核心特点，乌鲁木齐市在整个物流圈的人口、经济、城市发展等各个方面占有绝对核心地位。由于新疆缺失其他大城市，也使得乌鲁木齐的首位特性更为突出。在城市产业评价方面，乌鲁木齐地域配置合理，整个都市圈的二、三产业比重高，表现出城市经济的显著特点。乌鲁木齐的第三产业比重最高，体现出区域中心城市的服务性职能特点。在交通方面，乌鲁木齐与其他城市间通达性高。乌鲁木齐目前已经形成了以铁路、公路为主要运输组合方式的"Y"型陆路运输体系。以乌鲁木齐为中心，北疆铁路向西延伸至阿拉山口，与中亚五国可进行国际联系；兰新铁路向东与中国中部、东部相连；南疆铁路解决了由于地貌阻隔而形成的南北疆的地域分割问题。目前，新疆铁路营业里程4414公里。同时，公路网也仿照"Y"型铁路布局，形成了一个以乌鲁木齐为中心的交通辐射网。吐—乌—大高等级公路、乌奎高速公路、兰新铁路、北疆铁路，再加上312、216国道，以及其他过境铁路的作用，使得各城市与中心城市的交通联系非常密切，通达性很高。因此，经济辐射带动能力强、商贸业发展水平较高、交通基础设施建设比较完备等优势使乌鲁木齐毫无疑问地成为都市圈现代物流的发展中心。

新亚欧大陆桥到底带给新疆多大好处，我不想用学术的模型进行分析。我最直观的感受就是，新疆能够更加快捷地与中国东部城市进行联系。一个国家或一个地区的经济不可能孤立发展，必须在一定区域内相互补充、相互交流、相互辐射，才能迅速腾飞。新疆成为第二座亚欧大陆桥的一个支撑节点，它的双向效应和波及效应越来越明显。一方面，优质的轻工业制成品迅速流向中亚及周边，而东部经济所需要的石油、煤炭等原材料快捷地流入中国腹地；另一方面，通过新疆向周边输出的货物品种结构和范围越来越广泛。新疆需要与世界沟通，需要与中国东部的发达地区联系，而亚欧大

陆桥真正起到了连接的作用。

春萍那温柔委婉的话语再次回响在耳边："我在山口结婚生子后，就越发离不开山口了。虽然阿拉山口的自然条件艰苦，但是每当想起中国东部省市急需的能源、原材料是从我这里发运，我用自己微小的力量在陆桥的桥头堡上工作，心里就暖暖的。"陆桥给我最初的印象就是通途，是将天堑变通途。我问赛力克，陆桥带给你什么？他不加思考地告诉我，陆桥带给他的是商机，是利润的提升。我问杜曼，陆桥带给你什么？杜曼悠悠地看着我说："陆桥带给我的是在城市就业的机会，是乡里乡亲共同致富的期盼，是农牧民收入提高的根本。"我问我上小学的女儿，亚欧大陆桥带给你的是什么呀？她天真地回答："是我乘火车能更快地到迪士尼乐园玩，是我在冬天能吃上海南的芒果、椰子，是我能更方便地到伊塞克湖游泳。"是呀，亚欧大陆桥满足了普通民众不同的心愿。悠悠驼铃声承载着古丝绸之路的回忆，新

中国内地百万采棉工抵达新疆

阿拉山口综合保税区

的亚欧大陆桥的飞架，为新疆对外开放插上经济腾飞的翅膀。新疆这个古丝绸之路上的驿站，整装待发，起舞飞扬。

陆空运输的布局

新疆人出行更多依赖公路运输。如果要去南北疆游玩，汽车是首选的交通工具。以前，我们进出口公司与中亚的进出口贸易也多采用汽车运输的形式，主要原因是，铁路在大宗货物运输方面有优势，但对于批量较小、品种较杂的货物，一般采用公路运输方式比较便捷。特别是中国的铁路与哈萨克斯坦的铁路轨道的宽度不一致，需要在阿拉山口对面哈萨克斯坦的德鲁日巴口岸进行过轮换轨。

利玛是俄罗斯东方国际物流公司的一名员工，我在俄罗斯访学期间认识了她。那时，我教她学汉语，她帮助我提高俄语口语水平。利玛当时是研一的学生，每当我问起她为什么要学习汉语时，她都笑着说："掌握汉语，在俄罗斯可以更顺利地找到工作。"正如她所说的那样，利玛研三的第一学期，我就在乌鲁木齐西域商贸城见到了她。她在物流公司从事俄罗斯与新疆的货物联运工作。因为俄罗斯与新疆没有直接开放的口岸，从新疆到俄罗斯的货物要经过第三国转运，转运的路径主要是从新疆到哈萨克斯坦再到俄罗斯远东地区。作为对铁路运输的补充，公路和航空运输在其中起到不小的作用，比例要高于铁路运输。

新疆拥有公路总里程 14.4 万公里，形成以乌鲁木齐为中心，以 7 条国道为骨架，东联甘肃、青海，西出中亚、南亚各国，南通西藏，并与境内 68 条省道相连接，连通新疆地市和县乡的网络。新疆拥有机场 16 个，航线 141 条，形成连接国内 52 个大中城市和国外 21 个国家、31 个国际城市（地区）的空运网，通航里程已经达到 13 万公里。

新疆与周边国家的联系主要通过公路运输。吉尔吉斯斯坦是个山地国家，境内铁路运输不发达，公路是主要运输方式。其公路建设的主要方向是中国、哈萨克斯坦以及费尔干纳盆地的连接区域。

从事新疆与吉尔吉斯斯坦货物托运工作的吾买尔告诉我："新疆联系邻国吉尔吉斯斯坦主要有两条公路：一条从新疆喀什经吐尔尕特口岸到吉尔吉斯斯坦首都比什凯克，全长 560 公里；另一条从喀什经伊尔克什坦口岸到吉尔吉斯斯坦南部城市奥什，全长 800 公里左右。2005 年，中国—吉尔吉斯斯坦边境吐尔尕特、伊尔克什坦两公路口岸的过货量分别达到 26 万吨和 31 万吨，通过两口岸的出入境人员分别达到 8160 人次和 3160 人次。中国与吉尔吉斯斯坦政府就奥什—古里察—萨雷塔什—伊尔克什坦口岸的公路改造项目也已达成协议。公路改造后，将大大改善从南疆到吉尔吉斯斯坦南部的公路运输状况，进而改善乌兹别克斯坦和塔吉克斯坦等中亚国家通往中国公路的通道条件。新疆与乌兹别克斯坦没有直接接壤的口岸，新疆到乌兹别克斯坦的货物主要通过吉尔吉斯斯坦转口运输。"

听说我的调研内容涉及新疆与中亚国家贸易便利化中的运输问

四通八达的高速公路

题，吾买尔打开了话匣子："新疆与中亚国家公路运输中也存在一些摩擦，主要有 3 个方面。第一，利益摩擦，涉及行车许可证的发放、费用的收取。第二，管理摩擦，主要是关检制度与方法的随意变动给承运企业带来的不适。第三，技术摩擦，主要是进出境货物和车辆有不符合中亚国际技术要求的情况。"对于这些小无奈，吾买尔现在也泰然处之了。"如果这些小摩擦能够顺利解决，那我托运公司的利润就可以翻倍了，货物到达目的地的时间也要缩短 1/3。希望运输的软环境能像运输的硬通道那么畅通。"吾买尔表达了自己的希望。

塔吉克斯坦独立后经受了内战，国内道路多数处于非完好状态。

伊尔克什坦口岸准备出关的车队

近几年，塔吉克斯坦相继利用世界银行、亚洲开发银行的贷款对公路进行了修缮。中国政府也向其提供了无私的援助。塔吉克—乌兹别克公路修复改造项目就是利用中国政府给上海合作组织成员国提供的9亿美元优惠出口买方信贷，也是上合组织框架内首个中方贷款项目。合同总金额为2.96亿美元，工期为42个月，公路全长35千米，是连接塔吉克斯坦南北方的生命线，同时也是连接塔吉克斯坦和乌兹别克斯坦两国首都的捷径，具有重要的战略意义。塔吉克斯坦通往中国的公路西起杜尚别，经哈特隆州首府库尔干秋别、南部重镇库利亚布（塔总统拉赫莫诺夫的家乡）、巴达赫尚州首府霍罗格到达中塔边境阔勒买口岸（中方为卡拉苏口岸），全长近110千米，包括道路改建、道路新建及部分城市道路建设，总造价1.36亿美元。这个项目能大大缓解塔吉克斯坦与新疆贸易通道不畅的问题。

吾买尔告诉我："新疆与塔吉克斯坦接壤的卡拉苏口岸是季节性开放的。冬天到塔吉克斯坦的货物一般都是从吉尔吉斯斯坦转运，这无形中增加了贸易成本，有些塔吉克斯坦商人的利润较低。记得那是11月初的一个下午，一位塔吉克斯坦商人将许多棉鞋拉到我的托运站，要求我在圣诞销售旺季前将货物运到杜尚别。关于运价，我们产生了较大分歧，几乎争吵起来。最后，我们双方各让一步，我仅仅赚取了极少量的运费，帮助他在11月底将棉鞋运到杜尚别。后来想想，他也有自己的无奈，卡拉苏口岸10月底就大雪封山了，公路几乎无法通行。"贸易通道的畅通是贸易便利化的根本啊！

为真正发挥公路边境口岸在中国同欧亚国家经济合作中的桥梁作用，中国与中亚国家积极签署客货运输协议，开通道路客货直达运输线路。截至2006年7月底，中国同中亚国家已开通65条道路客货运输线路，包括中国与哈萨克斯坦间42条，其中客运22条、货运20条；中国与吉尔吉斯斯坦间21条，其中客运10条、货运11条；中国与塔吉克斯坦间2条，其中客运1条、货运1条。读到以上数据，我心中有了少许的欣慰，毕竟各方在努力开辟通道来加快贸易的流通。

2013年4月，利玛从俄罗斯来乌鲁木齐处理托运公司的业务。她告诉我，这次来乌鲁木齐就是要开辟新的新疆与俄罗斯西伯利亚地区的联运线路。她说："以往我们根据货主的要求，附加值高的东西一般是空运，附加值低的一般是火车联运加汽车运输，先从乌鲁木齐将货物用汽车拉到阿拉山口，在那里装上火车后运到哈萨克斯坦，最后运到俄罗斯西伯利亚客户手中。苏联时期修建的铁路现在还在使用呢！那时苏联的运输系统是个整体，现在完整的体系分裂成为各个国家所有，运输的通畅性受到阻碍。我们现在还开辟了另一条由新疆到俄罗斯的托运线路，将货物用汽车通过新疆与蒙古国的口岸转关到俄罗斯西伯利亚地区。这样全程汽车联运，避免了换装货物的人力费用。现在人工费用持续上涨，我们也要考虑托运部

的利润呀。"看到这个小姑娘上班没几天就这样精明，我心里想：她不愧是学经济的，活学活用呀！

在利玛的托运部，我看见了墙上的新疆与哈萨克斯坦运输路线图，粗略统计了一下，总共有 7 条公路客货运输线路呢：第一，乌鲁木齐—吉木乃口岸—迈哈布奇盖口岸—阿斯塔纳；第二，乌鲁木齐—吉木乃口岸—迈哈布奇盖口岸—巴甫洛达尔；第三，乌鲁木齐—吉木乃口岸—迈哈布奇盖口岸—卡拉干达；第四，乌鲁木齐—霍尔果斯口岸—奇姆肯特；第五，斋桑—迈哈布奇盖口岸—吉木乃口岸—乌鲁木齐；第六，库尔治托夫（科涅奇纳亚）—迈哈布奇盖口岸—吉木乃口岸—乌鲁木齐；第七，阿亚古斯—巴克特口岸—巴克图口岸—乌鲁木齐。看来，利玛的托运业务开展得不错。

母亲节那天，女儿说要我带奶奶去山里赏花、踏青。一大早，我去给车加油，在加油站碰到了一个巴基斯坦人。我用半生不熟的英语

乌鲁木齐国际长途汽车站的工作人员正在为哈萨克斯坦旅客检票

霍尔果斯口岸

结结巴巴地帮助他完成了加油。随后我们聊了几句，得知他在乌鲁木齐的一家巴基斯坦托运部工作。由于写作需要，我就多问了几句关于新疆与巴基斯坦货物运输的情况。他说："乌鲁木齐到巴基斯坦有两条运输线路。首先将货物运到南疆喀什，经由喀什、红其拉甫、苏斯特到达吉尔吉特，或者从塔什库尔干、红其拉甫到达苏斯特。新疆与巴基斯坦交界的红其拉甫巴方一侧由于雪崩塌方形成了堰塞湖，2012 年新疆与巴基斯坦的贸易因此受到巨大影响。但 2013 年第一季度双方的过货量有所上升，我们托运生意也忙起来了。"幸亏有小外甥帮忙，要不然我肯定听不明白他的回答。看来，英语真是世界通用语言啊！我要学的东西太多了。

油气管道绵延万里

　　近几年，乌鲁木齐的大气污染没有那么严重了，主要因为政府将

冬季采暖期的燃煤锅炉改造为燃气锅炉。天然气的使用让乌鲁木齐人看到了蓝天白云，优美的牧场又回来了。说到陆桥经济带的建设，就要讲讲新疆与中亚地区管道运输的情况。作为现代化运输工具的补充，管道运输具有强大的优势。新疆本身就有西气东输的线路，再将中亚的油气资源有计划地向中国东部输送，架构的是一个陆空地立体运输网络。

中哈石油管道

我在中亚参加学术会议期间，有人提出中国与中亚国家油气合作的问题。专家总是习惯用繁琐的图表来阐释中哈油气合作的现状、问题、前景。在这里，我想着重讲述一下普通人对油气管道的看法。

哈萨克斯坦学者认为，哈萨克斯坦对外能源运输主要有几个方向：向北经阿特劳—萨马拉管道至俄罗斯新罗西斯克港出口到欧洲市场；向西经里海国际石油财团管线出口；向南对伊朗出口石油；向东经中哈原油管道（阿塔苏—阿拉山口）出口到中国。哈萨克斯坦能源出口的多元化符合其国家利益，也符合哈萨克民众依靠资源致富的心态。

叶斯汗是哈萨克斯坦阿克套油田的一个普通管道维修工。他每天的工作就是检查输油管道阀门的压力，以及管道的日常维护。对于这份工作，他相当认真。"我作为中哈石油管道的一名维护工，承担的是最为普通的工种。虽然工作有些辛苦和忙碌，但想想这些原油要源源不断地输送到千里之外的中国，我就感到很欣慰。我们家里的日用百货都是从中国进口的。中国需要我们的原油，我们需要中国的轻纺制品。我们家今年的圣诞树也是从中国进口的，孩子们的服装、鞋帽都是中国制造的。现在中国产品的质量提高得很快。我维护的不仅仅是原油管道，也是哈萨克斯坦与中国的物流线。"叶斯汗平静地述说着，"我的小女儿准备学习汉语。等她高中毕业后，我想送她到中国新疆乌鲁木齐的高等学校学习。现在掌握汉语的人能找到更好的工作。

鄯善县油气田

我的大儿子高中毕业后在一家石油高等技术学院学习。他想子承父业，成为一名石油开采的技术人员。哈萨克斯坦油气产业的快速发展，离不开中国客户对哈萨克斯坦油气产品的需求。这些开采出来的原油，这些黑色的财富输送到下游，给中国经济带来现实的好处；同时，也使我们的生活得到了改善。我妻子是从事原油品质化验、检验工作的，原油的出口离不开他们的检验。我们一家都从事着与石油的开采、加工、运输等相联系的工作。"叶斯汗是中哈原油管道上最为普通的劳动者，是这条管道让哈萨克斯坦与新疆的经济联系更为紧密。

中哈石油管线一景

中哈石油管线是中国第一条跨国长距离原油运输管道，西起哈萨克斯坦西北部的阿塔苏，东至中国新疆的阿拉山口，总长约 3000 公里，设计输油能力 2000 万吨。管道全线采用 SCADA 技术实现自动化控制，采用光缆为主、卫星为辅的管道通信形式。该管线由中国石油天然气集团公司 (CNPC) 与哈萨克斯坦石油运输公司 (KAZTRANSOIL) 合资，共同建设和经营。截至 2011 年 11 月 24 日，中哈石油管道已经累计输送原油 4000 万吨。

中国—中亚天然气管道

苏联解体前，中亚天然气的供给方向是欧洲；苏联解体后，供应欧洲的天然气主要来自于俄罗斯，而中亚天然气输往欧洲要经过俄罗斯的管道。因此，争取天然气多元出口，成为中亚国家迫在眉睫的任务。

中国—中亚天然气管道起始于阿姆河右岸的土库曼斯坦和乌兹别克斯坦边境，经乌兹别克斯坦中部和哈萨克斯坦南部，从阿拉山口进入中国，成为"西气东输二线"。管道全长约1万公里，其中土库曼斯坦境内长188公里，乌兹别克斯坦境内长530公里，哈萨克斯坦境内长1300公里，其余约8000公里位于中国境内，是世界上最长的天然气管道。

现在中国—中亚天然气管道有A、B、C三条管线，A、B管线输气能力达170亿立方米／年。2012年6月C线贯通，供气能力升

中国—中亚天然气管道通气仪式

至 300 亿立方米／年。到 2015 年底，A、B、C 三线的管输能力将达到 550 亿立方米／年。根据中国石油战略发展规划，目前正在进行 D 线筹备工作。预计到 2020 年，中国—中亚天然气管道输送能力将达到 800 亿～1000 亿立方米／年，成为中国最重要的能源战略通道。

维嘉是中国—中亚天然气管道乌兹别克斯坦段的一名技术人员。他参与了该管道从前期论证到施工的监理全程，可以说见证了该管道的成长。"管道在施工过程中克服了不同地质结构中的问题，还考虑到冬季气温变化的情况对管道产生的压力。最终管道顺利贯通，我心里美滋滋的。中国需要我们的天然气，我们需要中国的轻纺制品。经济的互补性，决定了我们之间贸易的互利性。以前中亚的油气输出走向单一，现在中国经济发展对能源的需求那么旺盛，我们的天然气可以以较高的价格售出，当地百姓也享受到了实惠。"维嘉对我这样说。

依明是乌鲁木齐的一名维吾尔族出租车司机。他给我们算了一笔账："我的出租车使用的是天然气。现在每升汽油的价格已经涨到 7 元了，而燃气的价格在每立方 4 元左右，我用天然气比用汽油每月节省出好几百块钱呢。况且，天然气是清洁能源，对空气的污染少。我们新疆也盛产石油、天然气，现在老百姓都用燃气做饭，太方便了。新疆的资源不但支援了中国东部的经济建设，也给新疆人民带来了福祉。"

疆电外送

新疆是资源富集区。为了将资源优势转化成经济优势，新疆近年来做了诸多尝试，疆电外送就是一个典型。"十二五"期间，国家电网公司将投资 1264 亿元发展新疆电网，重点建设哈密南—郑州、哈密北—重庆、准东—四川三回特高压直流工程，新疆—西北联网 750 千伏第二通道工程的新疆送端电网，争取到 2015 年形成 3000 万千瓦"疆电外送"能力。

组塔

　　李明毕业于新疆电力学校，目前是一名电力系统的职工。"当初我没有像同班同学那样考大学。我认为大学的学科相似度高，大学教育理论性太强，大学生的实际动手能力差。我选择学习电力安装的最初想法是想掌握一门技术。现在我就从事着将新疆优势煤炭资源转变成东部急需的电力的工作。每天架设高空电缆的辛苦自然不必说，但辛苦工作的收获是收入的提高。现在我的同龄人大学毕业，还在为找工作四处奔波，我已经是单位的技术能手啦！我都带徒弟啦！我有好几个徒弟是名牌大学毕业的本科生呢。我喜欢我的工作，我为自己正确的职业规划感到兴奋，不过我也是赶上了好时代呀！"李明自豪地说着。人生的选择千变万化，只要把握机会，就会有属于自己的成功。

当这些活生生的实例浮现在眼前的时候，我感慨这时代赋予年轻人的机遇。新疆因陆桥的架设而不再是交通不便的塞外边陲，新疆不断转换着自己的角色：新疆是亚欧大陆桥上的桥头堡，新疆是西气东输的加压站，新疆是航空网络中的导航台，新疆是疆电外送的变电所。古丝绸之路的绵长古道焕发着青春风采。

友谊的通道

繁华的口岸

口岸给我的印象是威严战士值守的国门，是贸易商贾忙碌运输的通道，是对外交流的门户，是迎接八方来客的驿站，是展现国家风姿的窗口。学术定义的口岸是指由国家指定的对外通商的场所（港口），是国家指定的对外往来的门户，是一种特殊的国际物流的结点。

新疆与周边国家有 5600 公里的边界线，有 15 个陆路口岸，2 个航空口岸。记得我第一次到海拔 4000 多米的红其拉甫口岸调研时，剧烈的高山反应让我头痛欲裂，脚下发软。当我看到国门卫士屹立在国旗下值守边防时，我心里久久不能平静。对外国门的开启，让新疆经济有了长足的进步。新疆与周边国家经济的互补性、文化的共融性、宗教的相似性、族群的亲缘性，使新疆口岸成为播撒友谊的通道。

八国邻居

新疆与周边国家的通商、通婚、通邮关系自古就源源不断。与新疆有漫长边界和跨界民族的 3 个邻居是苏联的加盟共和国。苏联解体后，它们相继独立。哈萨克斯坦与新疆的贸易关系最为紧密，吉尔吉斯斯坦是新疆的第二大贸易伙伴，塔吉克斯坦是中亚最小的国家。巴基斯坦是中国最亲密的战略伙伴之一。阿富汗通过狭长的瓦罕走廊与新疆相连。印度自古就与新疆有文化和贸易往来。新疆北部地区与蒙古国接壤。新疆的阿勒泰地区与俄罗斯通过阿尔泰山相连。在与新疆相邻的这些国家中，有与新疆经济发展、宗教信仰、资源储藏相类似的中亚国家，有与新疆经济、文化、宗教存在较大差异的南亚国家，也有经济发展水平略高于新疆的俄罗斯。让我们来了解一下新疆的远亲近邻。

游牧战神——哈萨克斯坦

也许因为我是学俄语的，所以对中亚国家了解比较多。记得第一

本书作者在红其拉甫口岸与巴基斯坦边防军合影

次出国是前往哈萨克斯坦。当我踏上异国土地的时候，第一感觉就是，哈萨克斯坦和新疆有诸多相似的地方，无论是穿着还是饮食，与新疆总带着几分亲缘，还有游牧民族共通的豪爽待客、能歌善舞的开朗性格。苏联解体后，1991 年，哈萨克斯坦成为一个独立的国家。哈萨克族是该国的主体民族，占人口总数的 64.6%，信仰伊斯兰教。中国新疆与哈萨克斯坦的边界总长为 1738 公里。

从经济上来看，哈萨克斯坦是新疆第一大贸易伙伴。新疆与哈萨克斯坦的贸易额占新疆对外贸易额的 70% 以上。哈萨克斯坦 2012

中国与哈萨克斯坦的界河——哈巴河

年 GDP 呈现 5% 的增长，略低于 2011 年 7.5% 的增长水平。哈萨克斯坦是中亚的粮仓，资源类产品出口是哈萨克斯坦的经济支柱，主要是石油、天然气的出口维系其经济高速发展。从政治上看，哈萨克斯坦是威权体系下的总统制共和国。国家政权以宪法和法律为基础，根据立法、司法、行政三权既分立又相互作用、相互制约、相互平衡的原则行使职能。总统任期 7 年。从外交上来看，1991 年 12 月 27 日，中国承认哈萨克斯坦独立。1992 年 1 月 3 日，中哈正式建交。2005年 7 月，中哈建立战略伙伴关系。中国是哈萨克斯坦对外政策优先方向之一。哈萨克斯坦是上海合作组织和世界贸易组织的成员国。

草原上的游牧民——吉尔吉斯斯坦

在我的印象里，吉尔吉斯斯坦最吸引我的是伊塞克湖的纯美和游牧民族的淳朴。碧草和湖泊交相辉映的美景让我流连忘返。吉尔吉斯斯坦 43% 的国土面积上覆盖着草场，有世界最大的野生核桃林和野生苹果林。记得在吉尔吉斯斯坦客户的山间别墅游玩时，周围的草比我还高，大水漫灌农田的景象比比皆是，让同行的新疆农业专家羡慕不已。1991 年，吉尔吉斯斯坦从苏联独立，首都为比什凯克市。该国有 80 多个民族，吉尔吉斯族占 71%。主要民族还有乌兹别克族和俄罗斯族。国语为吉尔吉斯语，俄语为官方语言。南疆地区的柯尔克孜族与吉尔吉斯族是跨界民族。中国新疆与吉尔吉斯斯坦有 1100 公里的边界接壤。1992 年 1 月，中国与吉尔吉斯斯坦建立大使级外交关系。

吉尔吉斯斯坦国民经济以多种所有制为基础，农牧业为主，工业基础薄弱，主要生产原材料。吉尔吉斯斯坦是新疆的第二大贸易伙伴，2012 年新疆与吉尔吉斯斯坦的贸易额达到 40.39 亿美元。吉尔吉斯斯坦是上海合作组织和世界贸易组织成员国。

高山之国——塔吉克斯坦

高山湖泊掩映在群山环抱之中，高原牦牛在碧草间徘徊，悠扬的

静美的伊塞克湖

鹰笛声诉说着爱的故事。我初入塔吉克斯坦的高山反应被眼前的美景冲淡，幽婉的笛声舒缓我剧烈的头疼。"塔吉克"意为"王冠"。那纯美无瑕的高山湖泊宛如嵌在王冠上的明珠。

塔吉克斯坦境内山地和高原占国土面积的90%，其中有一半海拔在3000米以上，有"高山国"之称。塔吉克斯坦1991年独立，人口780万，其中塔吉克族占79.9%。塔吉克语（属印欧语系伊朗语族）为国语，俄语为族际交流语言。居民大多信奉伊斯兰教，多数属逊尼派。塔吉克斯坦与新疆有450公里长的边界接壤，有季节性开放的卡拉苏口岸。塔吉克斯坦2012年与新疆的贸易额为14.07亿美元。塔吉克斯坦是上合组织和世贸组织成员国。塔吉克族是塔吉克斯坦与新疆之间跨界居住的民族。

塔吉克姑娘的美丽让我印象深刻，塔吉克小伙的狂放舞姿让我欣喜若狂，塔吉克斯坦城市的安宁祥和让我回味无穷。我不知道应该怎样形容对塔吉克斯坦的印象，让我最有感触的是塔吉克人眼中流露出的幸福感。我的一位塔吉克朋友有10个小孩。看着我当时惊讶的眼神，他淡然地说："我有能力抚养他们长大成人。我最大的幸福是孩子们每天迎接我的笑脸。"就是这种简单的幸福让人有满足感。

圣洁的土地、清真之国——巴基斯坦

一提起巴基斯坦，许多人都会想到中巴之间"全天候"的友谊。巴基斯坦人对宗教信仰的虔诚让我感慨万分。我们接待过一位巴基斯坦学者。晚上设便宴招待来宾时，中国人无酒不成宴的热情并没有影响他对宗教的虔诚，整晚他都只喝饮料和茶水。

新疆与巴基斯坦边界接壤599公里，有开放的红其拉甫口岸。2012年，新疆与巴基斯坦贸易总额为1.396亿美元，其中新疆对巴基斯坦出口1.369亿美元，进口0.027亿美元。巴基斯坦是个多民族国家，总人口1.97亿，其中旁遮普族占63%，信德族占18%，帕坦族占

塔吉克斯坦索姆尼广场

巴基斯坦费萨尔清真寺

11%，俾路支族占 4%。乌尔都语为国语，英语为官方语言。95% 以上的居民信奉伊斯兰教。

山上人——阿富汗

由于学科分工的限制，我没有去过阿富汗，对其了解也仅仅来源于书本的资料和别人口中的描述。我的一位俄罗斯朋友曾经在阿富汗工作过一年。据他介绍，阿富汗受战乱蹂躏十几年，现在百废待兴，发展情况比我想象的要好。阿富汗伊斯兰共和国是一个位于亚洲中西部的内陆国家，坐落在亚洲的心脏地区。它与大部分比邻的国家有着宗教上、语言上、地理上相当程度的关联，领土的 3/5 交通不便。农业是主要的经济支柱，但可耕地还不足农用地的 2/3，是世界上最贫穷的国家之一。新疆与阿富汗的边界为 92 公里，当前没有正式开放的贸易口岸。新疆与阿富汗接壤地区是著名的"瓦罕走廊"。阿富汗人口约 2993 万（2007 年 1 月人口普查数据），其中普什图族占 40%，

阿富汗喀布尔一景

塔吉克族占 25%，此外还有哈扎拉、乌兹别克、土库曼等 20 多个少数民族。普什图语和达里语是其官方语言。

文明古国——印度

印度灿烂的古代文明记录在中学教科书中，印度歌舞欢娱的场景经常出现在电影里。印度 30% 的人口使用印地语，英语是通用语。印度是联邦制共和国，总统是国家元首，但其职责是象征性的，实权由总理掌握。印度的人口为 12 亿，居民主要信仰印度教、锡克教和伊斯兰教。新疆与印度边界接壤 200 公里。2012 年新疆与印度的贸易总额为 1.946 亿美元，其中新疆对印度出口 1.602 亿美元，进口 0.344 亿美元。新疆与印度没有直接开放的口岸。

双头鹰——俄罗斯

俄罗斯国徽上双头鹰的寓意是一面向东方，一面向西方。俄罗斯

印度泰姬陵

地理上横跨欧亚两大洲，是世界上国土面积最大的国家，其欧洲部分集中了大部分人口和经济体。幅员辽阔、物产丰富是我对俄罗斯最直接的印象。西伯利亚绵延万里的原始森林，富集的石油、天然气资源是俄罗斯经济发展的支柱。新疆与俄罗斯接壤边界仅为54公里。2012年新疆与俄罗斯的贸易额为6.44亿美元，其中新疆对俄罗斯出口3.85亿美元，进口2.59亿美元。新疆与俄罗斯没有正式开放的陆路口岸，新疆出口到俄罗斯的货物要通过空运或者经哈萨克斯坦转运。2012年俄罗斯人均GDP13765美元。新疆的阿勒泰地区及俄罗斯与其相邻的地区共属于阿尔泰山系，有相同的植被、物种和自然资源。

永恒之火——蒙古国

蒙古国，别称草原之国，蒙古语原意为永恒之火或永不熄灭的火。我没有去过蒙古国，对蒙古国的印象是从影视作品中得来的：一望无际的草原，羊儿吃着草，马头琴声悠远飞扬。新疆与蒙古国接壤边界为 1416 公里，有 4 个正式开放的陆路口岸。2012 年新疆与蒙古国进出口总额为 3.44 亿美元，其中新疆对蒙古出口 2.55 亿美元。2012 年蒙古国人均 GDP3508 美元。

新疆周边的邻居各有特色，有资源富饶的俄罗斯和哈萨克斯坦，有景色优美的塔吉克斯坦、吉尔吉斯斯坦，有历史悠久的印度、阿富汗，有友谊世代相传的巴基斯坦、蒙古。

繁华口岸

口岸的繁荣与贸易有极大关联。按照我的理解，口岸的建设会促进民生，口岸贸易的增长会拉动地方经济。新疆有 17 个对外开放一类（国家批准）口岸，其中有 2 个航空口岸——乌鲁木齐航空港、喀什航空港，15 个陆路口岸。陆路口岸中，新疆与蒙古的边境口岸有 4 个，即老爷庙口岸（哈密地区）、乌拉斯台口岸（昌吉回族自治州）、塔克什肯口岸（阿勒泰地区）和红山嘴口岸（阿勒泰地区）；新疆与哈萨克斯坦的边境口岸有 7 个，即阿黑土别克口岸（阿勒泰地区）、吉木乃口岸（阿勒泰地区）、巴克图口岸（塔城地区）、阿拉山口口岸（博尔塔拉蒙古自治州）、霍尔果斯口岸（伊犁哈萨克自治州）、都拉塔口岸（伊犁哈萨克自治州）、木扎尔特口岸（伊犁哈萨克自治州）；新疆与吉尔吉斯斯坦的边境口岸有 2 个，即吐尔尕特口岸（克孜勒苏柯尔克孜自治州）、伊尔克什坦口岸（克孜勒苏柯尔克孜自治州）；新疆与塔吉克斯坦的边境口岸有 1 个，即卡拉苏口岸（喀什地区）；新疆与巴基斯坦的边境口岸有 1 个，即红其拉甫口岸（喀什地区）。除上述

口岸外，还有 12 个二类（地方批准）口岸。

2013 年 2 月，我前往伊朗参加国际会议。由于飞机延误，我闲来无聊，就与在机场免税商店工作的小刘聊了起来。"近几年，来机场免税店购物的人数不断增加。以前大家购买比较多的是新疆的大枣、核桃、石榴等土特产，还有羊绒制品。现在，外国人对新疆的手工制品、挂毯、礼拜毯、丝绸围巾、薰衣草精油等购买需求旺盛。我在乌鲁木齐航空港免税店工作已经 3 年了。起初，中亚客商、俄罗斯人较多；现在，欧美、东南亚、日本的旅游者增加了不少。"小刘用自己的眼光捕捉了乌鲁木齐国际航空港接待各国人员的情景。"具体的进出境的外国人数我虽然不了解，但从我的感受来讲，来乌鲁木齐经商、旅游、探亲的年轻人在不断增多。我认识一个俄罗斯姑娘，经常来乌鲁木齐购买货物。后来，她在新疆收获了爱情，嫁到中国成为咱们新疆媳妇啦！"小刘忙里偷闲地与我聊了几句。口岸的繁荣为新疆创造了不少就业机会，像小刘这样的年轻人就是口岸繁荣的受益者。

1. 航空口岸

乌鲁木齐国际机场口岸位于乌鲁木齐市西北郊地窝堡，距市区 16 公里，是中国通往中亚、西亚、欧洲、非洲的国际航空通道枢纽，1973 年对外开放，是中国五大门户机场之一。乌鲁木齐机场始建于 1935 年，历经数次改造。特别是为适应新疆对外开放和经济发展的需要，1994 年总投资达 19.53 亿元的改扩建工程为乌鲁木齐国际化航空港的建设添砖加瓦。2009 年，投资 10.5 亿美元，总面积 11.5 万平方米的 T3 航站楼投入使用，改善了乌鲁木齐国际航空港进出港人员的乘机环境。现已开辟的国际航线有：北京至乌鲁木齐至沙迦至伊斯坦布尔、乌鲁木齐至阿拉木图、乌鲁木齐至比什凯克、乌鲁木齐至塔什干、乌鲁木齐至新西伯利亚、乌鲁木齐至叶卡捷琳堡至莫斯科、乌鲁木齐至伊斯兰堡、乌鲁木齐至德黑兰，还开通了乌鲁木齐至香港、乌鲁木齐至台湾、乌鲁木齐至首尔的旅游包机。

喀什航空口岸位于新疆喀什地区喀什市北面，距市中心 10 公里，1953 年建成，1993 年 4 月 23 日经国务院批准对外开放。2004 年 3 月 11 日，中巴两国民航管理部门签署了扩大开放两国航权的运输协议。喀什机场口岸于 2004 年 4 月 30 日起开放，开通乌鲁木齐经停喀什至伊斯兰堡的国际航班。

2.最繁忙的铁路口岸——阿拉山口

"山上不长草，天上无飞鸟，风吹石头跑"，这是许多人对阿拉山口的描述。

1993 年，我第一次去阿拉山口。给我印象最深的是，阿拉山口的风太大了。我曾经开玩笑说，一阵大风可以把我刮到哈萨克斯坦的

阿拉山口口岸

乌鲁木齐国际机场口岸

德鲁日巴车站。随着阿拉山口城市建设的发展，生态环境也得到了巨大改善。2012 年，我再次到阿拉山口调研，一下子感到山口变化太大了：规划布局中考虑到长远发展的方向；以服务为根本的原则体现在各个方面；山口配套设施完善，餐饮、仓储、宾馆、银行一应俱全。记得第一次到山口交接货，我们背了一大袋的美元现钞用于支付货款。现在，阿拉山口的银行汇兑快速便捷，网上支付更是如鱼得水。

　　阿拉山口口岸经中国政府批准，始建于 1990 年 6 月；1991 年 7 月，铁路开办临时货运；1996 年 6 月正式开办客货营运；1992 年 12 月 1 日，经国家口岸办验收，正式向第三国开放。公路口岸 1992 年 5 月临时开通，至 1995 年 12 月正式开通。2012 年 12 月 27 日，阿拉山口正式建立县级市。阿拉山口口岸已建成各种设施 156 座，包括火车站站房 4800 平方米，有包括 3 个封闭式换装库在内的换装区 5 个、宽轨 10 股、准轨 16 股、换装线路 10 条和货场、列车机务段，年过货能力达到 1600 多万吨，过往旅客 10 万人次。阿拉山口口岸辖区面积为 155 平方公里，城市建设规划面积为 15 平方公里，现基础设施覆盖面积为 7.9 平方公里。

1994～2012年阿拉山口铁路口岸过货量（单位：万吨）

年份	1994	1995	1996	1997	1998	1999	2000	2010	2012
铁路过货量	41.2	109	209.9	200.9	230.3	354.3	422	1500	1650

　　晨晨来自陕西，西安外国语大学俄语专业毕业后，到乌鲁木齐某铁路联运公司上班。妻子是他大学同学，在乌鲁木齐一家外语培训机构从事英语教学工作。晨晨告诉我，他们公司现在承运的货物多是机械产品和石油管道的配件、阀门等。他每个月在阿拉山口上班 21 天，回乌鲁木齐休息 8 天。我问他在阿拉山口的感受，他感慨地说："山口的基础设施完善多了，娱乐设施也健全了不少。我在山口每晚都去

阿拉山口口岸换装库

健身房打乒乓球、羽毛球，或者下下围棋，也不觉得日子枯燥。"

阿拉山口是新疆过货量最大的铁路口岸。2012 年 12 月，新疆与哈萨克斯坦第二条铁路运输线也开通了。新疆霍尔果斯铁路口岸站与哈萨克斯坦阿腾科里口岸货运列车至开通 100 天时，累计运输货物 15.46 万吨。自此，继新亚欧大陆桥中哈阿拉山口口岸站外，中国新疆第二条向西开放的国际铁路通道平稳运行。

2006 年，中哈石油管线正式投产运输，阿拉山口口岸又增添了一道耀眼光环，这里成为中国重要的陆路管道运输口岸。由此，阿拉山口也成为中国境内唯一集铁路、公路和原油管道运输为一体的综合性国家一类陆路口岸，也是中国西北地区货运量最大、发展最快、效益最好的口岸。

3.开放最早的公路口岸——巴克图、霍尔果斯、吉木乃

（1）花园城——巴克图口岸

巴克图口岸已有 200 年通商历史，是中国西部通往中亚及欧洲的交通要道。巴克图口岸海拔 460 ～ 480 米，对面为哈萨克斯坦东哈州。巴克图口岸隶属于新疆塔城地区塔城市，位于市中心西南 12 公里，是新疆离城市最近的口岸，也是距乌鲁木齐市最近的口岸。1907 年，塔城已有俄商（号、行）291 户 3840 人，与俄商务往来密切，洋行林立。20 世纪 60 年代，贸易和人员往来中断。1988 年秋，在中哈两国政府的支持下，边境双方地方政府通过政府官员互访，打破了近 30 年的封闭。1990 年，巴克图口岸重新开通临时过货、过人。

给我印象最深的是巴克图口岸地理位置的优越性：离城市近，海拔低。另一方面，巴克图口岸所在地塔城与哈萨克斯坦及周边国家有

巴克图口岸

着至深的亲缘关系。各民族之间通婚联姻以及兄弟姐妹之情，使当地民风淳朴，与哈萨克斯坦交往密切。巴克图口岸不再充当贸易通道中的搬运工。塔城在当地已经建立起面向哈萨克斯坦的333.33公顷的蔬菜基地，向哈国及俄罗斯出口鲜花、水果、蔬菜。

小王是巴克图口岸商检的一名公职人员。在口岸工作的10年间，他见证了口岸过货的变化。"最早，口岸多是出口内地的轻纺制品和进口废钢、皮张等货物；现在，口岸出口最多的是时令水果、蔬菜、鲜花。每到圣诞节、情人节前，口岸出口玫瑰花的数量激增，我们也是加班加点地查验。虽然辛苦，但看到商户脸上的笑容，我们苦点儿也不算什么。"小王英俊的脸上始终挂着微笑。

（2）河水流过的地方——霍尔果斯口岸

霍尔果斯口岸是由中哈交界处的霍尔果斯河而得名的。口岸的历史十分悠久，远在隋唐（581～907）时，便是古代丝绸之路新北道上的重要驿站。中华人民共和国成立后，霍尔果斯口岸以其优越的地理

霍尔果斯口岸

位置，成为中苏贸易的西部最大口岸。1983 年，国际形势好转起来，中国也迎来了改革开放的热潮。自此，沉寂了近 20 年的霍尔果斯口岸又恢复了生机。霍尔果斯口岸地理位置优越，口岸距伊宁市 90 公里，距乌鲁木齐市 670 公里。对方口岸为哈萨克斯坦霍尔果斯口岸，距中方口岸仅 15 公里，距哈萨克斯坦雅尔肯特市（原名潘菲洛夫市）35 公里，距哈萨克斯坦原首都阿拉木图 378 公里。

霍尔果斯是我去得最多的口岸。第一次到霍尔果斯接货是在 1993 年，那时口岸的公路实在太糟糕了，遇上下雨和春季融雪，道路翻浆的现象时有发生。到现在我还清楚地记得，我们乘坐的小车陷在泥潭里，我因推车而溅得满身是泥的狼狈情景。2013 年 4 月，也是个春天，我到伊犁讲课，顺便到口岸考察。一路上我欣赏到的是春色关不住的美景。新修的道路上来往的货运汽车有序行驶，牧民还有专门的转场便道。看着那些怀孕的母羊走在平坦的路上，我期许小羊可以平安地降生。

霍尔果斯口岸规划区面积 12.5 平方公里，有建成区面积 4.58 平方公里，建设用地规模按期控制在 4.17 平方公里以内。总体布局由 5 个区构成：口岸中心区、边民互市区、货物中转储备区、产品加工工业区和居住区。此外，还预留了城市交通、城市绿化及其他性质的城市用地。2011 年，霍尔果斯公路口岸过货量达到 1091.23 万吨，货物价值 70.76 亿美元。

（3）白杨树林——吉木乃口岸

吉木乃是哈萨克语白杨树林的意思。吉木乃口岸不但对哈萨克斯坦过货，出口俄罗斯西伯利亚地区的货物也从该口岸转关。西伯利亚地区冬季寒冷，对新鲜蔬菜的需求旺盛。吉木乃县看准了这个商机，帮助农民建立了 500 多座日光温室大棚，有高效蔬菜生产基地 5 万亩，向哈萨克斯坦、俄罗斯提供反季节蔬菜。仅仅靠大棚蔬菜种植这一项，一户农民每年就可创收 1 万元。老文一家建有 10 座温室大棚，起初

吉木乃口岸

种植蔬菜仅为冬季自己食用。2005 年圣诞节前的一个月，来了几个俄罗斯客商，向他们大量收购西红柿、黄瓜等反季节蔬菜。此笔交易使老文的收入翻倍增长。来年他加大投入，不但在温室种植蔬菜，也试着种植玫瑰花。果不其然，圣诞节前老文出口的玫瑰花比蔬菜卖得还火呢。

吉木乃口岸是一个有着 100 多年历史的老口岸。20 世纪初，这里就是新疆通往俄罗斯的 6 条通道之一；1917 年，中俄两国曾在这里设通邮交换台；1931 年 10 月，中苏两国首开吉木乃通商口岸，并划定自由贸易往来区。1949 年中华人民共和国成立后，口岸继续开放至 1962 年。闭关 30 年后的 1992 年，吉木乃口岸重新开放。2011 年，吉木乃口岸过货量为 14.04 万吨，进出口贸易额为 9.94 亿美元。

4.新疆对哈萨克斯坦开放的其他口岸

（1）阿黑土别克口岸、木扎尔特口岸

阿黑土别克口岸位于新疆阿勒泰地区哈巴河县西部，距哈巴河县城117公里，距阿勒泰市284公里，距乌鲁木齐市829公里。阿黑土别克口岸与哈萨克斯坦的哈库里县及阿连谢夫卡口岸隔河相望。1992年8月，两国政府签署协定，同意开放阿黑土别克口岸，允许中哈两国人员、交通工具和货物通行。

木扎尔特陆运（公路）口岸位于新疆伊犁地区昭苏县西南109公里处，地处天山北麓，特克斯河上游。木扎尔特口岸在1953年以前曾作为中苏两国临时过货点，一度是边民易货贸易的进出口货物集散地，后来由于历史原因关闭了30多年。1992年8月，中哈两国政府签订协议，同意开放该口岸，允许中哈两国人员、交通工具和货物通行。1994年3月，木扎尔特口岸经中国政府批准对外开放。

（2）草原口岸——都拉塔

"都拉塔，没有塔。"都拉塔是古代乌孙人生活的地方。都拉塔口

2006年12月12日，都拉塔口岸正式开通了进出旅客业务。图为前往哈萨克斯坦探亲的中方旅客。

岸所在地是察布查尔锡伯自治县。锡伯人的祖先本来居住在白山黑土的东北。1764年，清朝政府征用3000名锡伯族军民到伊犁驻防。由此，锡伯人在这片土地上繁衍生息。向西望去，哈萨克斯坦的茫茫草原尽在眼前。所以，都拉塔被人们称为"草原口岸"。1999年9月26日，经国家海关总署和新疆维吾尔自治区政府批准，该口岸开展边民互市贸易。2003年，市场成交货物20564吨，实现贸易额4186.5万美元。口岸地处伊犁河南岸，平均海拔750米，年平均气温为8.5摄氏度，无霜期160天，年降水量270毫米左右。

5.南疆地区的口岸

（1）枣红色的达坂——吐尔尕特

"吐尔尕特"在柯尔克孜语中意为"枣红色的达坂"。口岸海拔3795米，是汉代（前206~公元220）丝绸之路上的一个重要驿站。它作为两个主权国家的通商口岸始于1881年。1906年，华俄运胜银行贷款2亿卢布，修筑了自边境吐尔尕特山口至喀什的道路。1952年2月19日，由于交通上的原因，中苏双方邮政换件由伊尔克什坦改至

吐尔尕特口岸一景

吐尔尕特交接。中苏双方在这个口岸的通商贸易始于 1951 年,进出口货物主要有石油、化肥、矿产品、纺织品、畜产品和土特产等。后因政治因素,口岸于 1969 年关闭。1983 年 12 月 23 日,口岸重新开放。根据中国与吉尔吉斯斯坦、哈萨克斯坦、土库曼斯坦、乌兹别克斯坦5 国开展贸易需要和国际汽车联运协议,吐尔尕特口岸向第三国开放。

第一次去吐尔尕特口岸时,因为海拔高,我有些不适应,几天后就好多了。该口岸承载着对吉尔吉斯斯坦贸易的重任,忙碌的客商无暇顾及我的提问,仅仅是友好地说声感谢,就各忙各的。强烈的紫外线让人睁不开眼睛,每个人的脸都被太阳晒得红扑扑的。看着需要过关的货车排着长队等待,我本想上前与司机攀谈几句,但看到他们与商检、动检、卫检、边检和海关工作人员在紧张地交谈着什么,也就没有打扰他们。希望那满载的货车带给他们收获的喜悦,这就足够了。

(2)中国最西边的口岸——伊尔克什坦

伊尔克什坦口岸原称斯姆哈纳口岸,位于中国西陲第一村乌恰县吉根乡斯姆哈纳村,距乌恰县城 140 公里,是中国最西部的一个口岸。伊尔克什坦口岸于 1997 年 7 月 21 日临时开通过货,2002 年 5 月 20

伊尔克什坦口岸一景

红其拉甫口岸

日正式全面开通。口岸进口货物主要是煤炭、废旧金属和少量的牛羊皮，出口货物主要是五金、日用百货、陶瓷制品、服装布匹、水泥、建材、机电产品、汽车、大型机械设备等。

（3）红其拉甫口岸

"红其拉甫"在波斯语中是"要命的山沟""血沟"的意思，足见其地势险峻。口岸原来设在塔什库尔干的皮拉力，距中、巴边境34公里，海拔高度4700米，高寒缺氧。1993年，红其拉甫口岸正式迁至海拔3200米的塔什库尔干县城。这是中国与巴基斯坦陆路通商口岸，中国许多人道主义物资从该口岸过境，运往阿富汗、巴基斯坦等地。该口岸不但是贸易的通道，也是友谊的通道。

（4）卡拉苏口岸

虽然新疆与塔吉克斯坦有450公里的边界，但双方接壤地区大都是高海拔的山脉，适宜通商的山口极少。1997 年，经过双方商定，口岸选在萨雷阔勒岭山脉的阔勒买达坂。这是目前中塔边境实际控制线上唯一可通行的山口。该口岸于 2007 年经中国政府批准为常年开放一类口岸，实现了新疆与塔吉克斯坦直接通商过货，改变了以往新疆对塔吉克斯坦的贸易由吉尔吉斯斯坦过境运输的局面。2012 年，卡拉苏口岸货运量为 17.25 万吨，货物价值 8.16 亿美元；进出境车辆 10915 辆，进出境人员 11816 人次。

6.新疆对蒙古国开放的口岸

新疆对蒙古国开放的陆路口岸有 4 个。新疆主要从蒙古国进口原煤、毛皮、羊绒、羊毛等初级产品，蒙古国主要从新疆进口服装、鞋帽等轻工业制成品。

（1）东疆第一关——老爷庙

老爷庙口岸位于新疆哈密地区巴里坤哈萨克自治县三塘湖境内，与蒙古国戈壁阿尔泰省相邻，对面为蒙布尔嘎斯台口岸。1991 年 6

老爷庙口岸，一台起重机正在吊装货物。

月 24 日，中蒙两国政府达成协议，开放老爷庙—布尔嘎斯台口岸。1992 年到 2010 年，老爷庙口岸累计实现进出口货物总量 60 万吨，实现贸易总额 15 亿元人民币。2011 年，该口岸实现过货 102.95 万吨。

（2）乌拉斯台口岸

1991 年 6 月 24 日，中蒙两国政府签署协定，批准开放乌拉斯台口岸—北塔格口岸（蒙）为双边季节性开放口岸，允许中蒙双方人员、货物和交通运输工具通行。居住在边境地区规定范围以内的两国公民可以凭边境通行证出入境。1999 年至 2006 年，乌拉斯台口岸年平均进出口贸易额 3000 万元人民币（主要进口产品是羊绒），进出口量 2000 吨。2013 年 4 月 10 日～4 月 20 日，口岸临时开关过货量就达到 2246.54 吨。

（3）红山嘴口岸

红山嘴口岸为双边季节性开放口岸，允许中蒙双方人员、边贸货物和交通运输工具通行。居住在边境地区该口岸范围内的两国公民，可以凭边境通行证出入境。从红山嘴出境，至蒙古国大洋口岸 10 公里，至萨格赛县城 160 公里；从红山嘴入境，至阿勒泰市 192 公里，至乌鲁木齐市 896 公里。1992 年，红山嘴口岸正式对外开放。

（4）塔克什肯口岸

塔克什肯口岸 1989 年正式开放，是中国对蒙古国开放的第二大口岸，是新疆对蒙古国开放的第一大口岸。2011 年，塔克什肯口岸开始常年对第三国开放。塔克什肯口岸对面为蒙古国科布多省。

7．二类（地方）口岸

新疆先后设立了 12 个二类口岸，其中位于乌鲁木齐的有 7 个：华凌市场、乌鲁木齐市碾子沟客运站、乌鲁木齐经济技术开发区、边疆宾馆、商贸城、乌鲁木齐火车头国际二类口岸、新疆西域轻工基地。其他的 5 个二类口岸位于新疆主要对外开放城市，分别为伊宁口岸、

乌鲁木齐火车头国际采购基地

塔城汽车客运站、奎屯火车站、昌吉市亚中商城综合批发市场、喀什（新怡发）二类口岸。这些二类口岸的开放是对新疆 17 个边境口岸的补充。有些二类口岸每年的过货量比一类口岸的过货量还高，例如乌鲁木齐边疆宾馆、西域轻工基地、喀什（新怡发）口岸。

口岸新姿

2010 年，我到南疆口岸进行调研，恍然发现原本质朴的口岸发生了巨大变化。由于我以前在进出口公司工作，南北疆的口岸几乎都去过，对到口岸交接货物的艰辛记忆犹新。时隔五六年，我再次来到这些口岸，不禁感慨万分。由于周边国家经济发展水平不一致，哈萨克斯坦经济发展最快，而阿富汗、塔吉克斯坦经济发展最落后，致使新疆与这些国家接壤的口岸发展不平衡。而与同一个国家接壤的口岸之间发展的不平衡性也存在。例如，新疆与哈萨克斯坦有 7 个口岸接壤，其中，阿拉山口和霍尔果斯是发展最快的，阿黑土别克就发展得较慢。新疆与周边国家接壤口岸最显著的特点就是：各个口岸贸易量不平衡。

1. 口岸建设展新姿

虽然南疆的口岸进出口贸易额不及北疆的口岸大，但新疆政府对南疆口岸的投资建设却一直没有停止。

（1）卡拉苏的重建

卡拉苏口岸是我最关注的口岸，因为该口岸是新疆唯一一个对塔吉克斯坦开放的口岸，而我在研究所里承担《塔吉克斯坦年度报告》的撰写工作。以前对卡拉苏的了解仅仅停留在文字的阅读上，当我亲自来到这个口岸，才有了更多的感性认识。那是 7 月的一天，早晨还晴空万里，等我们赶到卡拉苏口岸，天空似乎不欢迎我们这些不速之客，瞬时狂风大作，雨点中夹杂着冰雹倾泻下来。我赶紧躲进车里，而在货场进行验货的边检、海关人员却被淋得浑身湿漉漉的。看着那些等待过关的货车排成长龙，想必口岸的工作人员又要度过繁忙、劳累的一天了。陪同我们调研的口岸办的小李告诉我们："卡拉苏口岸海拔高、辐射严重，天气变化无常。在这样的环境中工作，首先要克服高山缺氧，其次还要对进出口货物进行严格查验。塔吉克斯坦是阿富汗毒品向外运输的重要通道，我们的查验工作责任重大呀。"

由于老卡拉苏口岸海拔高、自然环境差，2010 年，中国决定选新址建口岸。新址位于 314 国道 1695 公里处，地处西昆仑山和萨雷阔勒岭之间，距离中塔边界 14.5 公里，北至喀什市 229 公里，南到塔什库尔干县 64 公里，距离塔吉克斯坦戈尔洛—巴达赫尚州府霍洛格市 430 公里，规划面积 12.63 公顷。2012 年，卡拉苏口岸过货量达到 14.98

卡拉苏口岸

万吨，贸易额达到 6.69 亿美元，进出境运输工具 7370 辆次。2010 年，我在新卡拉苏口岸建设工地参观时，工地上的一名塔吉克年轻人对我说："以前我们世世代代在高山牧场上放牧，由于草场载畜量有限，家里人均收入低。现在我在卡拉苏口岸的建设工地上务工，一个月的工资比我以前半年的收入都高。等新卡拉苏口岸建成后，我将在口岸周边商户往来密集的地区开一家便利店和餐厅。"高原紫外线将这名塔吉克小伙子晒得黝黑，但笑容始终挂在他脸上。到现在，我都无法忘记那个憨厚淳朴的塔吉克青年。

（2）伊尔克什坦的下迁

一个柯尔克孜族同事的老家在乌恰县。他告诉我，从西汉时起，伊尔克什坦口岸就是丝绸之路上重要的驿站，1952 年以前与苏联的贸易正常进行，由于历史原因，直到 1997 年才临时与吉尔吉斯斯坦进行过货往来，2002 年 5 月正式通关。但是，原来的口岸地域狭窄，功能单一，海拔高，环境恶劣，通关过货能力、后勤保障、综合服务等方

面已远远不能满足现在通关过货量快速增长的需求。新建的伊尔克什坦口岸坐落在新疆克孜勒苏柯尔克孜自治州乌恰县城西 3 公里处，一期面积为 3.5 平方公里，投资 2.45 亿元。下迁落成后的伊尔克什坦口岸，主要以贸易洽谈、商品展销、仓储运输、宾馆饭店、金融服务、商务旅游为主，年过货量预计达到 75 万吨，客流量将突破 20 万人次。听着他娓娓的述说，我对伊尔克什坦口岸的认识更深了。当地普通百姓对新口岸的感受是什么呢？

伊斯哈克是乌恰县吉根乡的普通柯尔克孜牧民，初中毕业后，就准备到自家的高山草场上帮助父亲放牧。随着伊尔克什坦口岸的下迁，

伊尔克什坦口岸边境一景

口岸周边的宾馆餐饮业需要大量劳动力。现在，伊斯哈克和同学一起在口岸附近的宾馆上班，月收入比放牧要高许多。"我现在在学习驾驶，等考到驾照后，准备买辆货车跑运输。货车还可以帮助家里的牲畜转场，也可以给牲畜购买草料。辛苦几年，就可以在县城买房，和我心爱的姑娘结婚。"伊斯哈克对我说。"口岸的下迁带动了周围的餐饮业，我饲养的羊卖得价格更高了。"伊斯哈克的父亲补充道，"我家里的奶牛产的鲜奶，过去没有办法储存，都做成酸奶疙瘩。现在路修好了，有城里的公司每天上门收购我家的牛奶。"想想伊斯哈克一家因为口岸的下迁而找到了致富的途径，我心里美美的。

（3）霍尔果斯的腾飞

如果要介绍新疆的口岸，就不得不说说霍尔果斯。我工作后去的第一个口岸就是霍尔果斯。记得刚开放的霍尔果斯口岸，大量外地客商、外国客商蜂拥而入，而住宿和餐饮条件有限，口岸周边的环境较差。我第一次去口岸交货，就被蚊子咬得面目全非，致使接货的哈萨克斯坦客户和我公司的总经理竟然认不出我。2010 年，我再次来到霍尔果斯口岸，眼前是宽敞的街道，高耸的楼房。特别是中哈霍尔果斯国际边境合作中心的建立，让霍尔果斯口岸焕然一新。新的口岸在制度层面上有了合作的保障，在政策层面上享受到开放发展的优势，在贸易层面上提升了新疆与哈萨克斯坦贸易的结构，在社会层面上带动了当地经济的有效发展。

中哈霍尔果斯合作中心建立在中哈国界线两侧的接壤区域，紧邻中哈霍尔果斯口岸的跨境经济贸易区和投资合作中心。中心实行封闭式管理，总面积 5.28 平方公里，其中中方区域 3.43 平方公里，哈方区域 1.85 平方公里；主要功能是贸易洽谈、商品展示和销售、仓储运输、宾馆饭店、金融服务等。

王平来自广东，2009 年第一次来乌鲁木齐旅游，听朋友说赛里木湖、果子沟的风景优美，就与好友相约一起去伊犁游玩。在参观霍尔

霍尔果斯口岸

果斯口岸时，王平遇到了几位哈萨克斯坦客商。在闲聊中，他发现了商机：哈萨克斯坦当前使用日本、德国和俄罗斯的二手车较多，这些车没有倒车雷达装置；哈萨克斯坦二手车内装饰品也比较紧缺。2010年，王平在霍尔果斯合作中心租赁了摊位，销售倒车雷达、车载报警器，以及汽车内部装饰用品。2010年，王平生意的销售额在200万元以上，并且在合作中心内还享受减免税收的优惠条件。2012年，王平将自己的店面进行了扩大。"商机就在你面前，看你会不会找；钱就放在你面前，看你会不会赚。"每当想起王平说的这句话，我都有不同的感受。政府搭建了一个开放的平台，每个人都需要在其中找到自己的位置，才能提高自己的生活质量。

马宏是霍尔果斯附近清河县的居民。初中毕业后，没有一技之长的他没有找到固定工作，就在叔叔开的牛肉面馆帮忙。随着霍尔果斯口岸的不断发展，他参加了一个私人开办的俄语培训班。虽然培训班的学费要 1000 多块钱，但马宏的妈妈毅然决定送儿子学俄语。马宏的妈妈在县城的一家超市内当售货员，经常有来自中亚国家的外商来此购物，但苦于语言不通，每次都是用手比比划划，外加按计算器。马宏的妈妈看到周围那些会俄语的人，十分羡慕，就决定让马宏也去学俄语。经过一年的学习，马宏已经掌握了俄语的基本会话，在一家外贸物流公司从事货物的打包、分拣、装运、发放工作。"我准备明年再去报个俄语提高班。我现在的俄语日常口语没有什么问题，但是随着公司业务与国际接轨，那些关于国际联运、银行外汇兑换、商品检验等专业的俄语词汇需要掌握。掌握一门外语太有必要了，我现在还学会了简单的哈萨克语。如果我没学俄语，可能现在还在家里闲逛呢。"马宏感慨地对我说。正在交谈的时候，一位哈萨克客商走过来询问货物装运的有关情况，马宏用流利的俄语与之交谈。我突然发现，马宏的俄语说得比我这个科班出身的还要地道和幽默。"俄语是个重

霍尔果斯口岸国际商贸中心内，商贩在叫卖芭比娃娃。

97

实践运用的学科,有些俄语俚语书本上是学不到的。只有在实际的运用中多听、多问,才能掌握地道的俄语。"马宏道出了他学俄语的经验。当我探听马宏的月收入时,他俏皮地用俄语回答:"这是个秘密。"看到他欣喜的笑容,我也就不再追问。估计他的月收入比我想象的高多了。

口岸就是这样,国家在政策层面上给予的优惠会放大反映在社会层面上。对外贸企业来说,政策的享用与机遇的把握同等重要;对普通百姓来说,口岸建设的提升就是居住环境的美化,就是就业机会的增多,就是收入水平的提高,就是生活质量的改善。

2.口岸发展促贸易

口岸的发展是个变量。一方面,需要国家前期投入资金建设口岸,这是口岸的硬环境;另一方面,需要国家出台优惠政策来吸引外商从事进出口贸易,这是口岸的软环境。这两者之间相辅相成,互为因果。

以前的口岸,交通、通讯、住宿、餐饮等基础设施落后。经过国家的大量投入,口岸的硬环境得到了极大的改善。2000年,中国对阿拉山口的投资达到7亿元人民币。2005年,中国对伊尔克什坦口岸下迁的建设投资达到2.45亿元。2010年,中国对霍尔果斯经济开发区的投资达到8.5亿元。

随着口岸建设的加快,新疆与周边国家的贸易不断升温。虽然新疆与乌兹别克斯坦和土库曼斯坦没有直接接壤的口岸,但新疆对这两个国家的出口可以从新疆与哈萨克斯坦、吉尔吉斯斯坦的口岸转口进行。2012年,新疆对外贸易总额达到251.7亿美元,其中新疆与周边国家的贸易额占对外贸易总额的75%。

口岸基础设施的建设,口岸通关环境的改善,口岸物流通道的畅通,口岸人文生态的发展都成为新疆与周边贸易的促进因素。

塔吉克斯坦商人诺斯曼是我2010年在卡拉苏口岸结识的。诺斯

2009～2012年新疆与周边国家贸易数据表⑤（单位：亿美元）

年份＼国家	哈萨克斯坦	吉尔吉斯斯坦	塔吉克斯坦	蒙古	俄罗斯	巴基斯坦	乌兹别克斯坦	印度	土库曼斯坦
2009	68.98	29.73	8.68	0.58	3.09	1.92	3.86		0.72
2010	92.59	26.57	10.76	2.72	5.69	1.28	6.21	0.35	1.29
2011	105.97	38.05	17.22	4.21	9.28	3.82	7.41	0.75	1.18
2012	111.67	40.39	14.07	3.43	6.44	1.40	8.31	1.95	1.26

2009～2012年新疆与周边国家贸易总额与新疆对外贸易总额的比较⑥（单位：亿美元）

年份	新疆与周边国家贸易总额	新疆对外贸易总额	新疆与周边国家贸易总额占新疆对外贸易总额的比例
2009	111.56	140	79.7%
2010	147.46	170	86.7%
2011	187.89	228.22	82.3%
2012	188.92	251.7	75.1%

曼在塔吉克斯坦首都杜尚别经营一家批发部，主要将中国产的儿童服装和鞋帽批发到塔吉克斯坦的苦盏、库尔干秋别、伊斯法拉等城市。"2004年以前，卡拉苏口岸没有开通，我在新疆采购货物后，从新疆喀什将货物运到伊尔克什坦口岸，通过吉尔吉斯斯坦转运到塔吉克斯坦。每次从吉尔吉斯坦转运货物需要20天到30天的时间。有时碰上恶劣天气，运输需要的时间更长。自从开通了卡拉苏口岸，我一般将货物直接通过卡拉苏口岸运往塔吉克斯坦，仅需要10天到12天时间就可以收到货物。货物运输时间缩短，运输成本也随之下降，特别是资金周转更快，我的经营利润也不断增加。"诺斯曼笑着对我讲述口

---

⑤数据来源：乌鲁木齐海关网

⑥数据来源：乌鲁木齐海关网

吉木乃口岸货场，工人在繁忙地转运货物。

岸通道便利化带给他的现实好处。2012 年 5 月初，我在乌鲁木齐边疆宾馆再次见到来采购货物的诺斯曼。"这次我来乌鲁木齐采购了价值 10 万美元的儿童玩具和学生文化用品。这些货物交给从事国际联运的物流公司后，我直接飞回杜尚别等着收货就行了。包装、报关、商检等手续都由物流公司帮我办理，这种细化的服务真是方便了我们客商。大约 5 月底，我就可以将这些货物批发到塔吉克斯坦的其他城市，正好赶上新学期开学前的 7 月和 8 月销售旺季。物流的快捷与便利让我们轻松了不少。节省下来的时间，我可以在乌鲁木齐、吐鲁番等景点玩玩，也可以约老友新朋畅饮。"诺斯曼爽快地对我说。运输的便利化提升了贸易的水平，减省了商户的劳动，舒缓了商户的焦虑心绪。

吾买尔是一名货运司机，以前在国营的外贸运输企业供职。随着企业的改制，他也开始重新规划自己的人生。现在，吾买尔供职于一家外贸物流公司。他以亲身经历为我讲述了口岸的变迁："以前口岸的仓储容量有限，外贸司机不得不排队等待一关四检。现在口岸的基础设施得到了极大的改善，货物随到随时检验放行，节约了运输成本，我们司机的心情也舒展了许多。现在口岸的道路宽敞结实，到春季积雪融化的时候公路也不会翻浆损毁。在这样的道路上行驶，我高兴地唱歌呢！"这个有 30 年驾龄的老司机风趣地说。

2011 年，我在一个国际会议上认识了一个蒙古国的学者。他认为，当前新疆与蒙古的贸易发展取得的成绩，离不开口岸建设的功劳。他给我讲述了新疆与蒙古国接壤口岸的轶闻趣事。巴雅尔最初在塔克什肯口岸做边贸生意的时候，是易货贸易，就是用自家的羊皮、羊绒来换取中国的收音机、太阳能发电机、柴油发动机。后来，中国对蒙古国的羊皮、羊毛制品的需求下降，使得巴雅尔不知道如何是好。2005年，新疆在蒙古国科布多市开展销会。在展销会上，巴雅尔结识了更多的中国商人。中国福建商人李明将自己的建材以加盟经营的方式让巴雅尔在科布多市经销，巴雅尔开始形成自己新的经营理念。中国建材装饰品价格低廉、品质有保证，巴雅尔的建材商店生意兴隆。最让巴雅尔感到满意的是人民币结算的便利化。新疆与蒙古国的生意往来上，用人民币结算是一种趋势，这样可以避免汇兑损失。巴雅尔赚取了他生意上的第一桶金。现在他的建材店由妹妹和妹夫照看，他有了更长远的打算。新疆对蒙古的煤炭需求量大，他准备从银行借贷一部分资金，再自己筹措一部分资金，从事煤炭的出口生意。

无论从经济数据来看，还是从活生生的贸易实例来看，新疆的口岸在改革开放的 30 多年里取得了巨大的进步，口岸贸易的增长与口岸建设相互促进。

3. 口岸繁荣助民生

新疆对周边的所有口岸除了承载经济功能以外，口岸带动民生繁荣的作用也十分明显。

阿拉山口是口岸经济带动地方经济发展的典型范例。阿拉山口口岸对地方经济的贡献表现在：第一，增加了地方财政收入。2012 年，阿拉山口完成全口径财政收入 23829 万元，同比增加 9.31%；完成地方财政收入 14349 万元，同比增加 10.29%。第二，口岸第三产业发

展兴旺。口岸私营和个体工商户数量由 1999 年的 25 家发展到 2012 年的上千家。餐饮、旅馆业发展迅猛。第三，绿色环保能源风电项目加快建设。2012 年 10 月，阿拉山口风电场三期工程获准建设。该项目位于阿拉山口市西侧，场址海拔 300～600 米，安装 33 台单机容量为 1500 千瓦的风电机组，装机容量 4.95 万千瓦。第四，惠民供水工程投入使用。2012 年 12 月 13 日，历时 8 年的阿拉山口供水与生态建设工程全部竣工，并正式投入运行。阿拉山口供水与生态建设工程总投资 2.56 亿元，全线总长 62 公里，主要由取水口工程、输水管道工程、输水隧洞工程及江巴斯调节水库工程组成。工程取水口位于哈拉吐鲁克河出山口处，距博乐市 40 千米，库容 380 万立方米，年

阿拉山口风电场

吐尔尕特口岸

引水量可达 2322 万立方米。阿拉山口居民的饮水质量得到了极大提升。第五，金融服务更加便捷，边贸结算、小额贷款的发放更加便利高效。

有人说，新疆口岸过货量的 70% 都集中在阿拉山口和霍尔果斯，其他口岸的经济功能相对较弱。依我看来，新疆对蒙古的口岸以及南疆地区的口岸，虽然对地方经济的拉动作用相对较弱，但是对提高民生的作用明显。

吐尔尕特口岸是南疆古老的对外开放口岸之一。1997 年，口岸开放之初的年过货能力设计为 100 吨。随着口岸向第三国的全面开放，从吐尔尕特口岸转口到乌兹别克斯坦、塔吉克斯坦、阿富汗的货物不断增加。2010 年我在南疆口岸调研时，就在这个口岸碰到了吉尔吉斯斯坦客商艾比布力。他从喀什购买了 1000 双雨鞋、服装，还有一些毛毯，一共装了 3 辆货车。"这些货物一部分在吉尔吉斯斯坦南部地区销售，一部分转运到塔吉克斯坦和乌兹别克斯坦销售。1000 双雨鞋是销往塔吉克斯坦的。这批货价值人民币十几万元，等货物销售出去，我这次生意的利润将近 8000 美元。我家里有 6 个孩子，最大的在上大学，最小的今年该上小学了。我妻子帮助我打理在吉尔吉斯

新疆海关正在检查出入境货品

斯坦的批发商店。我主要负责采购、运输,她主要负责销售和催缴货款。这次我进的货比较多,主要归功于我的中国生意伙伴。起初我没有那么多资金采购这些货,但是,我的中国生意伙伴给我赊销了40%的货。等我回到吉尔吉斯斯坦卖出一部分货物后,就马上到银行把欠款汇到中国。现在从中亚向中国汇款简单快捷。我的中国生意伙伴也很放心将货物赊销给我,我们是多年的生意伙伴。他那里的服装质量好、款式时髦,价格公平,支付方便。我可以支付人民币,也可以支付美元。最近人民币升值厉害,为了避免汇兑损失,我用人民币支付货款,给我的中国生意伙伴带来实惠。我们在生意上互相扶助,共同赚钱。"艾比布力认真地说。"现在新疆的基础设施很好,从喀什到口岸的公路修建得宽敞结实。口岸货场的管理很到位。口岸查验工作严格但不拖沓,认真但不刁难。我这批货虽然品种繁杂,但中国海关商检的工作人员认真检查核实每批货物的数量和原产地,通关的效率高。"听到这些话,我顿时感到:外商的赞誉就是对这些把守国门的工作人员的肯定；贸易就是要互惠互利，让买家和卖家都得到实惠。和艾比布力道别后，我脑海中依然浮现着他被高原紫外线晒得微红的脸庞，劳动的喜悦一直挂在他的眉宇间。

小刘是我在口岸遇到的一个来自四川的搬运工，由于家里人多地少，就随远房表亲到新疆务工。口岸的生活有些枯燥，初来乍到，南疆口岸的天气忽冷忽热也让他有些不适应，而最难忍的是远离亲朋好友的寂寞。随着口岸基础设施的不断完善，网络速度的提高，小刘每天下班后都可以上网和家乡的朋友们畅聊，远在他乡的孤寂也减轻了不少。同时，口岸开设了阅览室、健身室、棋牌室等休闲娱乐设施，丰富了这些打工者的业余生活。

吐尔干是吐尔尕特口岸货场的一名保安，他把这份工作干得有声有色。初中毕业的他没有像父辈一样上山放牧，而是选择了到城里务工。吐尔干上学期间接受的是双语教育，汉语日常用语讲得很流利。中学毕业后来到口岸当保安，他干活踏实，很受周围同事的好评。有

吉木乃口岸货场的工人在转运即将出口到哈萨克斯坦的苹果

一次，他在货场值晚班，在巡视的过程中发现一个遗落在货车底下的小包。他捡起包，打开发现里边不仅有外商的护照，还有1万美元的现金。他马上向值班经理进行汇报，并根据包里的护照找到了外商居马洪。外商为了感谢他，一定要给他1000美元作为酬谢，但吐尔干婉言谢绝了。要知道，1000美元相当于他将近3个月的工资。

新疆对外开放的大门向世界敞开。开放的新疆笑迎八方来客，开拓的新疆立志海纳百川，开启的新疆舞出绚烂多姿。口岸是新疆对外开放的基石，口岸是贸易和友谊的通道，口岸让贸易商户收获丰厚的利润，口岸让周边民众尝到了经济发展的实惠。口岸树立了中国包容的心胸，口岸的开发惠及世界居民。

向西突破的引领者

新疆对外开放这 30 多年间，有些人白手起家，拥有了自己的公司；有些人成为外贸企业的从业人员，摆脱了土地的束缚，在城市中找到了自己的位置；有些人在商海中沉浮，被市场的大潮抛起又落下。30多年见证了一代人成长的轨迹，也见证了一些企业的盛衰起伏。有人把新疆向西开放看作是一个机遇，但我认为，那更多的是一场挑战。我在这里选取 3 个企业的成长故事来表明一个时代的烙印。3 个企业的成长经历也许并不是千千万万在新疆这片土地上成长壮大企业的缩影，但至少能反映出这个时代中自强不息的脚步。

架设电网的拓步者——特变电工

1988 年，新疆特变电工股份有限公司从昌吉市一个资不抵债、濒临倒闭的街道小厂起步创业，强抓人才兴企战略，持续加快自主创新能力培育，经过 20 多年的创新发展，现已成为中国输变电行业的龙头企业、中国最大的电子铝箔新材料基地、大型太阳能光伏系统集成商。它有新疆、辽宁、山东、天津、上海、湖南、陕西、四川等全国八大生产基地，而且正在建设印度海外基地。它的产品销售遍布中国 31 个省、自治区、直辖市和美国、印度、俄罗斯、巴西等 60 余个国家和地区。它的综合实力位居世界机械 500 强第 429 位、中国企业500 强第 366 位、中国机械 100 强第 11 位、新疆装备制造业第 1 位，品牌价值 275 亿元，名列中国装备制造业第 14 位。特变电工先后 4次荣获国家科学技术进步一等奖、国家境外工程建设鲁班奖，是国家级高新技术企业和全国技术创新示范企业。在特变电工的网站上看到这样的荣誉，我并没有感到奇怪，因为我在中亚国家进行学术访问期间，屡次有专家和普通老百姓提到这家企业在塔吉克斯坦和吉尔吉斯斯坦修建的输变电项目。这个惠及普通老百姓的项目在当地反响强烈，普通民众享受到了实惠，中国企业的形象也得到了提升。

2009年9月8日，杜尚别变电站竣工仪式

特变电工是中国输变电行业龙头企业。公司传承中国变压器行业70余年、电线电缆60余年的制造历程，已具备自主研制特高压交直流变压器、电抗器、套管、互感器、GIS、高压开关柜、特种及干式变压器、1000千伏特高压绝缘架空线、750千伏及以下高压交联电缆、扩径导线及母线、输变电智能化组件等全系列的输变电产品，装备能力、试验检测手段及自主研制能力处于当代领先水平。特变电工在海外已具备工程勘测、咨询、施工、安装、调试、运营维护一体化的集成服务能力。变压器产能达到2.5亿千伏安，居世界第一位。这一连串的专业术语对于我这个外行来说有些陌生。记得有一次在塔吉克斯坦的一个学校做问卷调查，当问及对中国的印象时，许多学生写到了特变电工在塔吉克斯坦的输变电项目。可见，特变电工在中亚实施的项目是惠民的，在普通百姓的心里留下了深刻的印象。

1.高山峻岭架电缆

塔吉克斯坦是中亚国家中经济最为落后的,电力主要依靠水电站。冬季枯水期,水电站发电量剧减,因此,塔吉克斯坦在冬季供电紧张。苏联解体前,中亚经济处于整体运转之中,塔吉克斯坦电力供应不足时可以从其他中亚国家调配。自从苏联解体后,中亚经济的完整供需体系被打破,塔吉克斯坦自主发电能力不足,就形成了冬季供电紧张的局面。2009年9月8日,特变电工股份有限公司在塔吉克斯坦首都杜尚别卢措步村的热电站项目奠基。塔吉克斯坦总统拉赫蒙,塔吉克斯坦经贸部、能源工业部、国资委等相关部门负责人,以及中国驻塔吉克斯坦大使左学良、商务参赞王春刚出席奠基仪式。该电站以当地的煤炭为燃料发电,设计功率20万千瓦,分两期完成。一期已于2011年塔吉克斯坦独立20周年之际竣工投产,每天发电480万千瓦时,大大缓解了杜尚别冬季用电紧张的问题,同时保障了约20万杜尚别居民的供热需求。该热电站完全由中方出资建设。作为交换,特变电工将从塔吉克斯坦获得一处矿山的开采权。

2013年2月,我的同事到塔吉克斯坦杜尚别总统战略所进行学术访问。临行前,根据以往的经验,我不断叮嘱同事要带足电池,因为塔吉克斯坦冬天的停电情况我在前几年是领教过。出人意料的是,这次他们在杜尚别并没有出现用电紧张的状况,随后到胡占德的访问也没有类似的限制用电的情况。经过询问,原来是基于上海合作组织框架下塔吉克斯坦政府优惠买方贷款项目,特变电工承揽了在塔吉克斯坦的输变电项目。2006年上海合作组织峰会上,特变电工与塔吉克斯坦电力部签订了总额3.4亿美元的"塔吉克斯坦电网220～500千伏高压输变电线路"成套项目合同。该项目主要是220千伏(罗拉扎尔—喀德隆)和500千伏(北—南)输变电项目的配套工程,合同总金额为6180万美元,其中的5100万美元为中国进出口银行优惠贷款，1080万美元由塔吉克斯坦电力公司按施工及放款进度支付。该项目的建设把塔吉克斯坦南部电力输送到极度缺电的北部索格基州的千家万户，彻底解决了塔吉克斯坦北部用电困难。特变电工在塔吉克斯坦的220～500千伏输变电成套项目总承包工程于2009年11月29日全线贯通，比原计划整整提前了一年时间。这一项目共分两期建设，其中一期工程90公里的杜尚别至罗拉尔220千伏输变电成套项目总承包工程，已于2008年6月提前半年贯通送电。2009年贯通的连接塔吉克斯坦南北的500千伏输变电线路，是塔吉克斯坦国家电网的主动脉工程。该项目是塔吉克斯坦总里程数、装机容量最大的电网工程，项目总额达5亿美元。电网打通了塔吉克斯坦南北送电通道，并使塔吉克斯坦告别了没有独立电网的历史。

塔伊尔一家住在胡占德附近的一个山区，他们亲眼看到了中国特

特变电工与塔吉克斯坦电力部签订6180万美元的合同

111

变电工作人员是如何在恶劣的条件下架设电缆的。"中国施工单位特变电工组织了一流的各类专家团队，进行了全覆盖的航拍，寻找最佳的可行路径。因为即使在夏季，整个山区的千年冰雪也融化不了，所以要翻山越岭，把整个铁塔架设到山尖上。山沟里由于距离太近，无法有电力走廊这种空间，所以要实施这样的工程，在世界电力史上都是没有先例的。面对这样的难度和考验，整个冬天，有 3000 名建设者放弃了节假日，提前一年完成了工程，一次送电成功，保障了我们胡占德和周边地区近 50 万人冬季不再寒冷。"塔伊尔深情地说着。

　　这位塔吉克老人娓娓地述说到："苏联解体前，我们塔吉克斯坦的经济高度依赖苏联的计划体制。苏联解体后，塔吉克斯坦内战将相当一部分苏联时期修建的基础设施损毁。直到近 10 年，塔吉克斯坦的经济才开始出现恢复性增长，但经济的发展急需电力的保障。中国政府和企业对塔吉克斯坦电力设施给予了极大的帮助。特别是那些在隆冬时节还在高山上架设电缆的工人和技术人员，他们不畏高原反应和寒冷，为了我们能够早日摆脱缺电的日子，废寝忘食。我赞赏他们的勤劳。"

胡占德电站

2.峡谷平原织电网

吉尔吉斯斯坦与新疆有 1000 多公里的共同边界，有跨界居住的民族，有悠久的贸易通商历史。苏联解体后，吉尔吉斯斯坦经济虽然有了不小的进步，但与中亚的哈萨克斯坦、土库曼斯坦、乌兹别克斯坦比较而言相对落后，人民的生活水平不高。在上海合作组织框架下，中国政府给予吉尔吉斯斯坦政府优惠买方贷款项目。而该项目是由新疆特变电工承建的。

据吉尔吉斯斯坦政府 2011 年统计数据，吉尔吉斯斯坦当时使用中的电站共有 18 座，每年最大发电量可达 150 亿千瓦时，有 1 万多公里的高压输电线，514 座大小输变电站。但是吉尔吉斯斯坦南北用电和发电不均衡，冬季和夏季发电不均衡现象明显。吉尔吉斯斯坦急需建立一个全国统一的发电和输配电系统。

2011 年 2 月 22 日，中国特变电工股份有限公司与吉尔吉斯斯坦电网公司正式签订了吉尔吉斯斯坦南部电网改造项目的合同，建设工期为 18 个月。这一项目投资达 2.08 亿美元。该项目的建成，使吉尔吉斯斯坦南部形成独立的电网，极大改善了当地电网的输配电能力，提高了南部水电站的输出能力，提高了供电可靠性和安全性。

2012 年 8 月 1 日，由中国特变电工股份有限公司承建的中吉两国政府之间迄今为止最大的能源合作项目——吉尔吉斯斯坦南北输变电通道大动脉工程"达特卡—克明"500 千伏输变电项目开工奠基仪式在吉尔吉斯斯坦东北部楚河州克明区举行。项目建成后，将实现吉尔吉斯斯坦南北电网的全线贯通。这不仅将对增强吉尔吉斯斯坦电网的安全性、促进国家经济发展和改善民生起到巨大的推动作用，同时也将为吉尔吉斯斯坦水电兴国战略的实施搭建起空中电力的高速公路。"达特卡—克明"500 千伏输变电工程项目是继吉尔吉斯斯坦南部电网改善项目之后，特变电工承建的又一上合组织框架内利用中国

特变电工代表与吉尔吉斯斯坦总理共同奠基

政府优惠买方信贷实施的重要工程项目。工程合同金额为 3.89 亿美元，建设工期 36 个月。吉尔吉斯斯坦总统阿坦巴耶夫表示："'达特卡—克明'500 千伏输变电工程的开工建设标志着吉尔吉斯斯坦在实现国家能源独立的道路上迈出了第一步。该项目的实施将保障吉尔吉斯斯坦人民免受限电之苦，实现用电正常稳定。同时，吉尔吉斯斯坦也将因此拥有自己独立的主体电网，更好地满足国家新建水电机组的送出需要。另外，获得能源独立是实现国家繁荣富强的重要一步。所以，在此我谨对中国政府给予吉尔吉斯斯坦的帮助和中国人民的深情厚谊表示感谢。"

新疆与吉尔吉斯斯坦是好邻居、好伙伴，自古以来就有传统的友谊和友好的合作。"达特卡—克明"500 千伏输变电工程项目由新疆的企业承建，标志着中国新疆和吉尔吉斯斯坦贸易互利合作的不断深化，标志着能源合作进入了新的发展阶段，必将对深化新疆与吉尔吉斯斯坦区域的合作产生深远的影响，成为见证中国和吉尔吉斯斯坦两国友谊的又一座丰碑。

虽然和塔吉克斯坦相比，吉尔吉斯斯坦的高山数量没有那么多，海拔也没有那么高，但此次工程建设却要经过很多冰线，这种施工难度在中国技术史上也是没有先例的。夏季穿越这种冰川长达几十公里，都是无人区，没有道路，施工难度极大。因为，这需要实现高质量的水泥凝固，使水泥凝固到岩石上且不受冻。所以，特变电工需要投入技术保障和工艺。为了在高山之巅建造能使水泥凝固的环境，他们把煤背上去，生炉子，人工制造地热，从而确保能够在冰山上架设电缆，并且确保工程的寿命达到上百年。

"达特卡500千伏变电站的建设竣工，在吉尔吉斯斯坦能源史上是一件划时代的事件。达特卡变电站建成后，吉尔吉斯斯坦南部奥什、贾拉拉巴德、巴特肯地区的居民和农牧民将历史性地告别无电现状，冬季用电限制将彻底画上句号。其次，达特卡变电站的建成对吉尔吉斯斯坦南部和北部电网的形成具有重要历史意义。吉尔吉斯斯坦因此可以满足自己的电力需要，摆脱多年依赖于中亚其他国家的状况。"吉尔吉斯斯坦能源部电力专家这样评价该项目。

时任中国驻吉尔吉斯斯坦大使王开文说："'达特卡—克明'项目是中吉两国在经济领域的一个重要合作项目，这对于吉尔吉斯斯坦能源系统的改造和经济发展会发挥很重要的作用。新疆特变电工参与了这个项目的实施。特变电工是我们国内很有名的企业，而且在世界上也享有盛誉。在吉尔吉斯斯坦这两年，他们开展工作，已经打开了局面，已经闯出了自己的品牌。我相信，这个项目一定能够顺利实施，造福于吉尔吉斯人民，造福于中吉两国人民。"

特变电工董事长张新表示："从技术各方面，特变电工非常有信心、有能力来保障工程的实施。我们将国内成熟的世界一流的制造技术、集成技术和设计技术全面应用到吉尔吉斯这个项目上来，树立中国装备制造业在世界上的示范和引领作用。我们需要吉方社会和中国新疆的共同关心、支持和帮助，早日把吉尔吉斯斯坦的这条能源大通道打

输电线路

通。吉尔吉斯斯坦将会进入到一个电气化的新时代！"

3.清洁能源惠百姓

对塔吉克斯坦、吉尔吉斯斯坦老旧电网改造的同时，特变电工把新能源的建设推向中亚国家。2013年2月26日，特变电工新能源公司承建的500千瓦电站已在哈萨克斯坦国家电网稳定运行。该电站是哈萨克斯坦建成的第一个光伏并网电站，位于哈萨克斯坦南部江布尔州地区。该地区阳光充足，年日照时间长达300天，非常适合开发太阳能并网电站。哈萨克斯坦该项目的业主说："作为哈萨克斯坦的第一个光伏电站，这个项目意义重大。特变电工新能源公司作为改善世界能源结构的中国光伏大型企业集团，在太阳能发电方面具有雄厚的实力。我们期待今后能有更多的合作。"

2011 年 3 月 5 日，新疆特变电工股份有限公司在乌兹别克斯坦电力公司对"塔里马尔詹 500 千伏热电站—索格季安纳 500 千伏露天配套电网"项目电力设备供货招标中胜出。该项目总金额 994.1 万美元，由特变电工在 15 个月内提供 9 个电抗器和 4 个自动变压器，为乌兹别克斯坦在 2013 年内完成塔里马尔詹热电站新变电站建设，并准备使用高压电线使其与相距 218 公里的索格季安纳变电站连接（途经喀什卡达尔林州和撒马尔罕州）。塔里马尔詹电站改造项目总金额 1.52 亿美元，其中 3330 万美元来自乌兹别克斯坦电力公司自有资金，1.19 亿美元来自世界银行贷款。项目实施旨在减少停电次数、降低系统损耗、提高对住宅及商户的电力供应和地区电力出口潜力。

特变电工不但在新疆周边地区开展输变电项目的承建和改造，还把自己的产品卖到世界各地，特别是在非洲占领了巨大市场。特变电工自 1997 年第一台变压器产品进入苏丹市场以来，截至 2012 年，已有近百台不同电压等级和容量的产品在苏丹全国各地市场运行。特变电工已经成为苏丹市场上最大的变压器供应商，产品质量和售后服务深得用户好评。目前，特变电工在苏丹设有办事机构，直接负责苏丹市场变压器的订货、安装调试及后期维护等服务工作。2012 年，特变电工实现进出口额 10 亿美元。

特变电工以自身的努力开拓了中亚市场，走向了世界。新疆企业的发展带动了新疆经济的发展，从而间接带动了新疆人民生活水平的提高。

农产品加工的耕耘者——中亚食品

有人说，新疆与周边国家的经济关系，初期是停留在贸易层面较多，而实际的产业层面和投资层面上较少。而今天我想给大家介绍的是在农产品加工领域的耕耘者。常言道，民以食为天，食品的好坏关系到民生问题。让中亚国家对中国食品有认识度、认可度并不是一件容易事，特别是因为中亚国家执行的食品安全标准是世界上最严格的欧盟标准。

新疆中亚食品研发中心（有限公司）2005年在乌鲁木齐出口加工区成立，是一家外向型、科研型、生产型的专业化农产品精深加工企业。它立足新疆特色农副产品资源优势，依托哈萨克斯坦食品工业设计院、新疆农业大学的技术支持，在新康番茄制品厂的紧密合作下，针对中亚五国食品消费市场进行食品罐头类的产品研究开发，并作为国外新康番茄制品厂的国内生产配套企业，以缓解目前新康产品在哈萨克斯坦市场供不应求的局面。中亚食品以生产调味番茄酱、调味辣椒酱、小浆果果酱、特色果蔬制品为主，拥有"新康"牌马口铁装、玻璃瓶装、软包装、塑瓶包装共计四大类近40个品种的产品，产品全部出口中亚。新疆中亚食品研发有限公司是新疆维吾尔自治区重点农业龙头企业、高新技术企业和科技企业、商务厅重点联系企业、专利试点单位和引智示范单位，乌鲁木齐海关评定的A类企业。自2002年投产以来，中亚食品已累计生产经营各类产品超过6万吨，销售收入过亿美元，带动中国原材料出口超过7000万美元。

1.万亩良田耕耘希望

新疆因独特的地理位置和水土光热等资源优势，非常适合种植番茄，其种植条件可与美国的加利福尼亚相媲美。特别是新疆准噶尔盆地南缘和库尔勒一带，被喻为种植番茄的最佳地区。新疆番茄中的红色素、谷维素含量普遍较高，霉菌少，粘度好。2011年，中国番茄产量占世界总产量的18%。而新疆是中国最大的番茄制品加工、出口基地，番茄产量和加工总量仅次于美国、意大利。2012年，新疆番

新康产品全家福

茄种植面积达 66 万亩，产量达 370 万吨。目前，新疆已建成番茄加工生产线 317 条，番茄酱年生产能力突破 200 万吨。如今，新疆番茄酱产品销往世界 100 多个国家和地区，年出口 70 万吨以上，出口贸易量居世界之首。

中亚食品研发中心在乌鲁木齐县有上百亩的番茄种植基地。基地种植的番茄严格选种，合理施用农家肥，日常田间管理均采用现代化的灌溉系统。这个番茄种植基地也是新疆农业大学植物栽培专业学生的实习基地。小徐是新疆农业大学四年级的学生，他在中亚食品的番茄种植基地实习已经快半年了，主要负责番茄育种中相关技术的支持。小徐说："在书本上我学习了大量的理论知识，在学校的实验室里也进行了育种技术实践，但与实际栽培中的问题差别还是蛮大的。我喜欢这份实习工作。如果可能，我想毕业后留在这家民营企业继续工作。"小徐的女朋友小刘是新疆农业大学食品工程专业的学生，她和小徐一起在中亚食品研发中心实习，主要负责番茄制品各种元素的化验工作。"在番茄栽培工程中，如果过多施加化学肥料，就会有农药残留。这些残留会在番茄深加工环节流入到下游番茄制品中。中亚食品的这个番茄种植基地使用的主要是农家肥料，

对产品没有什么污染。中亚国家对食品安全执行的是国际上最严格的欧盟标准。我的工作就是严把食品安全关，对每一批次的番茄果实进行化验。我享受这份工作带给我的责任感。等我本科毕业后，我要考研究生，继续深造。"小刘高兴地对我讲述她未来的规划。

中亚食品研发中心建立的乌鲁木齐县南山特色林果示范种植基地，占地面积 300 亩，于 2007 年开始引种加工型黄瓜、特色浆果（树梅、黑加仑）等高附加值的果蔬产品。目前，特色小浆果产品长势良好，已进入丰果期。生产的小浆果果酱品质优良，销量逐年增加，深受国外消费者的喜爱。加工型黄瓜已在安宁渠、昌吉等地进行推广种植，形成了"工厂＋农户"的经营方式，农户亩产收益上万元。引进的加工型黄瓜通过专家论证，在新疆农业厅种子站进行了品种登记。

中亚食品的展位前客人络绎不绝

"新康 C08-1" 和 "新康 C08-2" 加工型黄瓜的引进填补了中国在加工型种植品种上的空白。

马宇家有十几亩地,以前主要种植马铃薯,一年的产量仅仅够维持一家的日常开销。收成不好的时候,他还要到镇上打零工。现在中亚食品研发中心与其签订了加工型黄瓜的种植协议,种子由企业提供,日常田间管理由企业定期派技术人员进行指导。到收购季节,凡是符合技术标准的加工型黄瓜产品,企业统一收购,并当场给马宇现金支付。现在马宇家一年的人均纯收入上万。2013 年,马宇家种植了经济价值更高的树莓、蓝莓产品。"只要有人收购,我们农民肯吃苦种植。"马宇这样说道。"企业 + 农户"的模式是农民致富的有益尝试。

2.百台机器加工产品

中亚食品研发中心为加强企业管理、保持出口产品质量,以"生产"为中心,通过了 HACCP 体系认证;以原料供应"源头"为基础,通过了 GAP 认证;以产品顺利出口销售为目标,进行销售网络建设工作,在国外对产品商标进行注册并建立了产品条形码的查询系统。此外,中亚食品还通过了 ISO9000 质量管理体系认证、ISO14000 环境管理体系认证、ISO18000 健康安全认证、绿色食品认证、QS 质量认证及清真食品认证等多项认证。

中亚食品将番茄制成番茄酱原浆,再根据市场需求生产小包装的番茄调味品。公司年需番茄酱原料 6000 吨左右,在这些原料中添加糖和盐,调和各种口味,并在浓度上做一定的稀释,制成小包装的调味品进行销售。公司在乌鲁木齐开发区二期建立了后期加工的生产线,加入中亚居民喜欢的彩椒、洋葱等辅材,加工成番茄沙司罐装制品。现在,企业还生产树莓酱、蓝莓酱等各种中亚国家喜欢的果酱制品。

在各种口味果酱、番茄沙司的研制过程中,中亚食品以科技创新引领未来。企业在发展进程中,特别注重与科研院所的合作,走产、学、

研相结合的道路。自 1998 年起，中亚食品就与哈萨克斯坦食品设计研究院、哈萨克斯坦农业部果蔬研究所进行了广泛深入合作，请哈萨克斯坦学者对企业产品的配方提出改进建议，并在哈萨克斯坦各大售卖市场上进行问卷调查和免费品尝活动，让食品专家和普通消费者共同给产品提出意见和建议。在中国国内，中亚食品与江南大学、新疆大学、新疆农业大学、新疆石河子大学、新疆财经大学等科研院所建立了长期合作关系，是新疆农业大学、新疆财经大学的教学示范基地。企业在合作中明确了以新鲜原料加工产品作为重点开发领域的思路。企业现已拥有专利 30 余项，种植新品种 5 项，产品曾获得自治区科技进步三等奖、自治区科技贡献奖、自治区新产品二等奖。中亚食品的国外专家也成为新疆唯一获国家"友谊奖"的专家。

2005 年，为缓解"新康"产品在哈萨克斯坦市场供不应求的局面，新疆中亚食品研发中心依托哈萨克斯坦食品工业设计院、新疆农业大学的技术支持，针对中亚五国食品消费市场进行食品罐头类的产品研

番茄酱生产流水线

究开发，在乌鲁木齐市新建了面积达8400多平方米的新康番茄制品厂国内配套企业，主要生产各种规格的番茄沙司、番茄酱、黑加仑果酱、红树莓果酱及黄瓜、辣椒等中亚消费者喜爱的罐装食品。其中，番茄沙司产品、调味辣椒酱产品的生产技术及配方获得国家发明专利。新康产品的定位是生产一代、研发一代、

新康公司的产品摆满超市货架

储备一代。因此，企业经过全面的市场调研，在现有产品的基础上将浸渍整黄瓜罐头等整蔬菜、什锦蔬菜罐头作为研发、储备重点。自2003年以来，企业每年的科研经费支出就占销售额的6%以上。

3.八方市场销售产品

中亚食品研发中心的目标不是将番茄原浆出口到新疆周边地区，而是将新疆番茄原浆经过加工，添加一定的调制味素，变成不同口味的番茄酱制品，变成高附加值的产品出口。中亚食品全资子公司哈萨克斯坦新康有限公司，创立于1997年，始终坚持"新鲜健康"的经营理念，开发出特色番茄制品、特色辣椒酱制品、特色蔬菜罐头、特

色纯果酱等四大类百余种产品。经过 15 年的不懈努力和创新发展，2012 年，"新康"已经成长为哈萨克斯坦本土化的农产品加工龙头企业，产品累计销售 6.6 万吨，销售网络覆盖哈萨克斯坦 14 个地州，市场占有率达 25%，实现产品从研发创新到生产制造和终端销售的全产业链运营模式。在哈萨克斯坦消费者眼里，"新康"牌各式番茄酱制品是每天餐桌上必不可少的调味品。哈萨克斯坦新康番茄制品厂目前年生产能力已达 5000 吨，每年可消化中国新疆的加工番茄 1 万多吨，成为哈萨克斯坦的一家主要番茄制品企业。新康番茄制品厂曾获得"阿拉木图工业发展贡献奖"、"阿拉木图最佳企业奖"及"哈萨克斯坦国家食品质量最佳企业"等称号，连续 5 届被评为"哈萨克斯坦年度最佳企业"，并入选了《哈萨克斯坦金色农业企业名录》，成为哈萨克斯坦消费者协会公告的"消费者信得过的优秀企业"，获总统嘉奖，被评为行业年度最佳生产企业，是哈萨克斯坦唯一获此荣誉的中资企业。2009 年，企业又被认定为哈萨克斯坦农业部重点联系企业，获得质量认证扶持，成为获此扶持的唯一中资企业。

对于哈萨克斯坦普通民众来说，"新康"的荣誉仅仅代表了政府对该产品的褒奖，普通民众更在乎这个品牌的口味。"我喜欢新康番茄沙司的口味，用它来拌制沙拉，口味独特清新，甜而不腻。我儿媳妇喜欢新康的罐装番茄丁。以往我们入冬之前都是自己泡制番茄块，但随着生活节奏的加快，现在自己制作番茄酱、番茄丁的人比以前少多了，因为在市场上可以买到口味不错、价格合理的同类产品。番茄丁做罗宋汤最好吃了。"阿斯塔纳居民娜塔莉亚这样评价"新康"产品。

据哈萨克斯坦食品机构调研，仅在哈萨克斯坦，"新康"牌番茄调味品市场份额就占到 30% 以上。俄、白、哈三国关税同盟 2010 年成立后，对许多商品调高了税率，但对番茄酱制品的关税没有变化。在具有番茄调味品刚性需求的中亚国家，对番茄制品的限制还是比较宽松的。"新康"成功占领中亚市场并不单纯得益于市场需求，很大程度上取决于该公司多年来的市场调研，产品口味也都符合中亚国家的家庭烹饪习惯。近几年，国际市场风云变幻，国外很多番茄制品厂纷纷倒闭，但是新康产品依然占据着中亚的销售市场，并且向塔吉克斯坦、吉尔吉斯斯坦、乌兹别克斯坦市场上转移。根据在哈萨克斯坦市场的营销经验，企业在吉尔吉斯斯坦和乌兹别克斯坦市场上销售的产品将采用新的配方和口味，以迎合消费者的需求。2012 年公司生产的"新康"牌番茄调味制品销量已达 1 万吨。番茄产业对于中国、对于新疆来说是一个朝阳产业，前景十分乐观。随着中国快餐行业、西餐厅的发展以及消费习惯的改变，很多番茄制品企业纷纷瞄准国内市场。在出口转内销的过程中，建立一个消费者认可的品牌很重要。"新康"以及其他品牌还有很长的路要走。

2011 年，我在俄罗斯访学期间，就在俄罗斯超市的货架上看到了"新康"的番茄酱沙司，马铃果、蓝莓、树莓等果酱制品，还有腌制的玻璃瓶装酸黄瓜。当时我就有些兴奋，因为新疆企业生产的农产品一般很难打入俄罗斯市场，而"新康"系列产品却成功地走向了世界。在俄罗斯超市里，我询问了一个前来购买番茄沙司的老奶奶。她说："新康牌的番茄沙司口味纯正，加入了大蒜等复合调味品。我喜欢这种口味，煮罗宋汤时加入，口味更佳，酸甜适中。"

中亚食品把企业的发展与农户的发展、员工的发展相结合，使农民、消费者、员工、企业多层次受益。相信中亚食品会在世界范围内走得更远。

边境贸易的践行者——三宝公司

从"提篮小卖"进行易货贸易的边贸小企业到跻身中国外贸企业500 强，新疆三宝实业集团有限公司在新疆外贸企业中连续 8 年独占鳌头。从单一做边境贸易的小企业发展成为集对外国际工程总承包、

三宝集团向哈萨克斯坦出口的中石油油罐车

生产加工、仓储物流、旅游购物为一体的综合性外贸企业，新疆三宝实业集团有限公司华丽转身的同时，也见证了新疆对外贸易的发展。

1. 易货贸易的最初尝试

每当新疆三宝公司党委书记王云泉谈到当初从事与中亚国家的贸易时，他都要说起企业最初的成长经历。新疆三宝公司的成长就如同新疆对外贸易的发展一样，从小到大，一步一步踏实前行。

"20年前，我们与哈萨克斯坦客商以1∶4的比例用白糖换对方的化肥，赚取了公司的第一桶金。8月22日从此成了三宝成立的纪念日。"提到开创公司进出口贸易先河的第一单易货贸易，王云泉的自豪之情溢于言表。

1989年，中国批准塔城市为边贸开放城市。1990年10月20日，巴克图口岸临时开通，沉寂了30年的巴克图口岸恢复生机。1992年，国务院下发了《关于进一步积极发展与原苏联各国经贸关系的通知》，吹响了向中亚市场大举进军的号角。在"全民经商"的热潮中，1992

年 6 月，当时作为塔城团地委机关的团办企业"塔城地区青少年服务公司"以 3000 元的流动资金和一间办公室、几张桌椅、一辆破 212 吉普车宣告成立，企业法人是时任地区团委书记的康和平。

"其实，三宝选择外贸行业不是偶然的。在成立公司以前，康总就和哈萨克斯坦人倒腾过胶卷等生意，能说一口流利的哈萨克语成为了康总进入哈萨克斯坦最便捷的通行证。"王云泉介绍说，知道哈萨克斯坦的商机在哪儿之后，不到 3 个月的时间，康和平就顺利签回了用白糖换化肥的易货合同。

随着生意大门的打开，当时的"塔城地区青少年服务公司"已经不适合公司进出口业务的需求。1993 年，"塔城地区三宝民贸进出口公司"应运而生。2000 年，为了更加有利于三宝的发展，"塔城地区三宝民贸进出口公司"经过了改制，企业正式确定为民营性质，康和平出任公司董事长兼总经理，三宝也就此插上了腾飞的翅膀。

2. 边境贸易的实际践行

其实，新疆三宝的腾飞之路并不顺利。"当时，为了寻找商机，康总带人到哈萨克斯坦。口袋里的钱难以维系差旅费的时候，就在客户办公室里的沙发上、桌子上和衣而卧了一个多月。"王云泉在回忆三宝初创时期的光阴时，言语间流露出对董事长兼总经理的敬佩之情。

2004 年 1 月，巴克图口岸遇到西伯利亚寒流，天气极为寒冷。三宝公司第一次出口双桥半挂牵引车。25 辆车到了巴克图口岸，却遭遇哈萨克斯坦客户验车小组的百般刁难。执行交车出口的三宝员工在严寒中坚守了 7 天，最终经过反复交涉，25 辆车才得以验收过关。这样的事情还有很多，新疆三宝形成了自己独有的"三宝精神"，克服了重重阻碍，生意也越做越好。

新疆三宝集团为了更好地开展对周边国家的业务，在塔吉克斯坦杜尚别、吉尔吉斯斯坦比什凯克、乌兹别克斯坦塔什干、土库曼斯坦阿什哈巴德、阿富汗喀布尔，以及哈萨克斯坦的阿拉木图、阿斯塔纳、巴普洛达尔、阿克套建立了驻外办事处。2011年，由新疆三宝集团向哈萨克斯坦卡拉干达州铁米尔套市出口的40辆国产黄海城市公交车，在塔城地区巴克图口岸完成了交接。这是三宝集团继2006年向哈萨克斯坦出口200辆黄海城市公交车之后，又一次集中出口同类公交车。

截至2013年年底，三宝累计对哈出口车辆及工程机械4000余辆（台），多项产品填补了中国出口中亚市场的空白，同时已逐步在中亚建立多个售后服务中心。近年来，三宝加快了多元化经营步伐，生产的卤虫卵达到国际先进水平，已占国内市场销售份额的2/5。已建成的三宝盛世新型材料科技股份有限公司，其产品成为市场紧俏货。三宝参与研制开发的低温耐寒石油钻机、复合拖挂式钻机分别出口俄罗斯、哈萨克斯坦等国。近几年，三宝承接国外大型工程19项，其中聚丙烯等项目填补了哈萨克斯坦石油化工领域的空白，开创了新疆大型石油化工成套设备出口并在国外建设工程项目的先河；承建的哈萨克斯坦年产200万吨的水泥项目是中亚国家规模最大、技术含量最高的水泥项目。

三宝集团2013年进出口额10.98亿美元，是中国外贸200强企业之一，连续10年被新疆商务厅评为"先进外贸企业""十佳边贸企业"，是海关总署核定的"A类通关企业"和"红名单"企业，被税务机关核定为"A类纳税企业"，被金融系统认证为AAA级信誉企业，2007年1月被评为新疆十大知名商贸企业，2008年1月被评为中国商务系统先进集体。

2012年，中国对外贸易民营500强企业名单发布，新疆三宝实业集团有限公司以进出口总额6.22亿美元位居第69名，新疆三宝石油装备有限公司以进出口总额2.1亿美元位居第392名。

3.多种贸易的共同发展

现在新疆三宝实业集团是新疆的骨干外贸企业之一，在国内外有10余家成员企业。法人代表康和平，是全国商务系统劳动模范、新疆维吾尔自治区政协委员、新疆维吾尔自治区工商联副主席。20多年来，三宝一直与中亚各国特别是哈萨克斯坦开展进出口业务，目前已发展成为以对外贸易为主，集对外国际工程总承包、生产加工、仓储物流、旅游购物为一体的综合性外贸企业。三宝具有商务部批准的对外承包工程业务经营权，是中国在哈萨克斯坦"中国境外经济贸易合作区建设项目"的承办方。

2003 年，三宝涉足中亚及俄罗斯油气田石油勘探开发项目合作中的石油工程技术服务，与哈萨克斯坦石油公司共同开发阿克纠宾斯克州拜加宁油田，出口配套车装钻机，开展钻井技术服务。2004年三宝出口并承建的 5000 Nm³/h 空分设备目前仍是哈萨克斯坦先进

三宝集团向哈萨克斯坦出口195辆无轨电车

三宝集团在哈萨克斯坦承建的水泥厂

的空气分离装置，该项目对哈国的冶金工业具有积极助推作用。2006年，三宝与国内钻机生产厂合作，共同参与研制开发的低温耐寒石油钻机（ZJ50L 1台，ZJ40L 3台）出口俄罗斯西伯利亚地区托木斯克油田，奠定了公司向俄罗斯出口大型设备的基础。随后，三宝又向哈国出口3台交流变频电驱动拖挂式钻机。2008年，三宝承建的"科克其套"200万吨熟料水泥项目是哈萨克斯坦国家级重点项目，也是目前中亚生产能力、技术水平最高的水泥厂。同年，三宝在乌鲁木齐市经济技术开发区和高新区开始建造铝制品和石油钻机及配套设备的两家生产型企业，其产品将全部销往中亚各国。

新疆三宝生物制品有限公司是三宝集团卤虫卵加工合资企业。加工厂占地7000平方米，建有1000吨冷库和设备精密的化验室，具有500吨精品的年加工能力。公司采用先进的工艺和设备，可生产孵化率90%的高质量产品。产品不但在中国国内有可观的占有率，还远销泰国、印度等国家和地区。公司在福建厦门建有目前中国最大的卤虫孵化厂，每年可孵化、销售300余吨卤虫卵，占中国销售市场的2/5。目前，一个更加现代化的卤虫卵加工企业已在阿拉山口市建设完毕并投入生产。

三宝集团向哈萨克斯坦出口的高44米的混凝土泵车

三宝集团控股子公司塔尔巴哈台国际旅行社有限公司，是毗邻中哈边境巴克图口岸唯一的一家国际旅行社。2013 年 5 月 8 日，国家旅游局正式批准塔城市至哈萨克斯坦东哈州乌尔加县 3 日游边境旅游线路：塔城市至哈萨克斯坦东哈州乌尔加县阿拉湖景区，全程 130 公里，交通方式为陆路交通。巴克图口岸中哈边境游已于 2014 年开通。

塔城地区三平边贸货场有限公司是三宝集团控股的股份制企业，占地面积 109 亩，年吞吐能力 20 万吨，有保温库、敞棚库、封闭式多用途库房和海关 X 机监测库，具有先进的电视监控设施和消防、装卸专用设备，目前是新疆各公路口岸投资最大、建设最好的口岸货场，也是巴克图口岸唯一一家进境植物及植物产品定点存放的货场。

新疆的外贸企业在对外开放政策的引领下，根据自身的实际特点，在不同领域耕耘着，有些以产业为基地，有些以贸易为基础，有些以工程为突破。当前新疆与周边的关系为新疆与周边国家的经贸合作提供了巨大契机。新疆从事国际贸易业务的公司有许多，仅仅选取 3 个我认为有特色的企业来阐述，也许是很微不足道的。但我认为，这 3 家企业的发展轨迹体现了国家的发展、企业的发展与人的发展相辅相成的关系。新疆 30 多年的改革开放培养了一批从事外贸的人才，塑造了一批进取的企业。这些企业带动了新疆经济的进步，拉动了新疆人民收入的增加。

对外贸易促发展

新疆对外开放的直接影响就是新疆对外贸易和投资的增加。新疆进出口贸易的活跃带动了相关口岸经济的发展。口岸进出口的增长，连锁性地拉动了与贸易相关的产业的发展，客观上带动了口岸经济的长足复杂发展。2008 年，新疆 GDP 的外贸依存度达到 36.7%。据专家测算，新疆每出口 1 美元的商品，对地方财政的贡献为 0.15 元人民币。在新疆，直接为外经贸服务的人员达到 40 万。新疆外经贸的发展有力地促进了新疆经济结构的调整，加快了新型工业化、农业化和城镇化进程。

新疆与周边国家的经济联系，或许在学术层面上可以提出诸多论述全面、模型完备的论证。有一次，我问赛力克，新疆与周边国家的经济关系是什么？他沉思片刻，回答我："新疆与周边的经济关系是物资运输的快速性，是人员往来的便捷性，是双方贸易的互惠性，是人民生活水平的提高。"

经贸合作的起步

新疆周边地区是内陆地区，海上贸易的繁荣将全球贸易主流从陆运转向海运，丝绸之路自此衰落在浩瀚的沙海中。

当改革开放的春风在中国南边吹起时，新疆这个宁静的塞外边陲也在悄然发生着变化。这个丝绸之路上的贸易驿站准备着随时出发。

1.改革开放初期的对外贸易（1983～1991年）

在改革开放初期，新疆与周边国家贸易往来的主要伙伴是苏联的加盟共和国及原东欧国家。

1982 年 4 月，中苏两国对外贸易部就恢复中国新疆同苏联的贸易达成协议。1983 年冬，中国新疆同苏联边境的霍尔果斯和吐尔尕特两个通商过货口岸先后开通，使新疆对苏出口贸易额大幅度上升，从 1981 年的 80.9 万美元上升到 1985 年的 2239.1 万美元，对苏贸易占新疆出口总额的比重从 1981 年的 1.7%上升到 1985 年的 12.4%。在这期间，除中国港澳地区和日本外，苏联已成为新疆的第三大贸易伙伴。新疆对苏出口的商品主要是轻纺产品、医药保健品和食品，进口的商品主要有钢材、磷肥、水泥等生产资料及钢琴、电冰箱、艾德莱斯绸等市场紧缺的生活用品。

1986 年 1 月 23 日，中国对外经济贸易部和苏联对外贸易部在北京换文确认，恢复了新疆同苏联毗邻地区的哈萨克、吉尔吉斯、塔吉克、乌兹别克、土库曼苏维埃社会主义加盟共和国以及俄罗斯苏维埃社会主义共和国的阿尔泰、克拉斯诺亚尔斯克边区和卡麦洛沃州之间的边境直接易货贸易。

由于历史原因，中国改革开放初期，新疆与周边的经贸往来很有限，新疆市场上几乎没有进口物资。那时的新疆，计划经济的烙印还相当深刻。记得父亲所在的学校分配来一批产自匈牙利的电视机，大家争先恐后地前去观看。那还是老式晶体管电视机，体积庞大笨重。我小时候体弱多病，每每到医院就诊，那个拍 X 光片的大夫总要对我父亲说，这台机器是从东德进口的，诊断不会有问题。外国货的稀缺性表现在方方面面。我的第一张彩色照片是 1978 年拍摄的。那时，乌鲁木齐没有彩色照片的冲印设备，照片拍好后寄到香港冲印，再寄回来。

赛力克回忆说："我仅仅是听说那时的新疆物资匮乏，食品、糖、粮食都要凭票供应。我心里只有一个想法：新疆与周边的贸易通道加快开通，我也好给在阿勒泰居住的表弟一家邮寄些东西。"

好消息很快传来，新疆组建了自己的国营外贸公司。1986 年 3 月，新疆地方贸易进出口公司成立。该公司受中央对外经济贸易部与新疆自治区经济贸易厅的双重领导，在中国对外贸易政策和对苏边境贸易政策范围内开展新疆与苏联边境地方贸易业务。该公司对苏出口和进口商品项目限于区内自产自用。

1986年3月，新疆地方贸易进出口公司在北京与苏联东方国外贸易公司交换了货单，并在苏驻华使馆展示了各自的样品，达成初步协议。同年8月，在苏联哈萨克斯坦加盟共和国首府阿拉木图举行了首次边境贸易看样订货会。新疆方面展出样品2000多件，包括服装、百货、机电、家用电器、陶瓷等。苏方展示的商品有化工、机械及农机具等。

"1986年新疆在阿拉木图的展销会我去看了，东西还真不少。我在展销会上买了一套带有民族图案花色的茶具，到现在还在家里用着呢。看到苏联产的电冰箱很受中国客户的喜欢，我想给表弟邮寄一台到新疆。结果，我兴冲冲地到邮局一问，邮费贵得可以再买5台电冰箱了。"赛力克感慨地说。

1986年，新疆对苏贸易进口额2099.8万美元，占全区进口总额的26.7%。进口的商品主要为生产资料，如各种钢材、水泥、汽车等。新疆对苏出口2639.3万美元，占全区出口总额的12.85%。主要出口物资分为纺织品类，包括长绒棉、棉布、浴巾、毛毯、毛针织品；畜产品类，包括皮毛制品和皮帽子；化工类，主要为硫化碱、滑石粉；轻工类，如保温瓶和瓶胆等。

"保温瓶是在阿拉木图最畅销的中国产品了，还有毛巾、浴巾卖得也不错。我们以前用电萨玛瓦（烧水壶），保温瓶让冬天我们冲咖啡、泡茶方便多了。那时，中国产品的质量过硬，我们大家都喜欢呢。我给大儿子买的雨鞋，第二年小儿子接着穿也没有损坏。"赛力克陷入了对往事的回忆中。

1987年，新疆对苏边境贸易进出口总额为1525.21万美元，其中进口791.91万美元，出口733.30万美元。出口商品包括衬衣、童裙、羊毛衫、浴巾、毛巾、热水瓶、毛刷等，进口商品主要有钢材、化肥、电冰箱和钢琴。1987年10月15日～22日，新疆地方贸易进出口公司和苏联东方贸易公司在乌鲁木齐市联合举办了为期 8 天的双方出口商品展览会。新疆同苏方签订了价值 2303 万瑞士法郎（合 1728.63 万美元）的进口商品合同、1055 万瑞士法郎（合 791.88 万美元）的出口商品合同。

那时的新疆还处在凭票供应的时期，如果能买到一台苏联产的电冰箱是非常幸运的事。当时，姑父是地质勘探队的高工，经常出野外。单位为了照顾一线的工作人员，给他们家发了一张苏联电冰箱的购买票。我第一次看到那个庞然大物时，那机器发出的轰隆隆的声音还蛮吓人的。

1988 年，新疆对苏边境贸易从易货贸易进入到经贸结合、技贸结合的新阶段。新疆当年完成进出口总额 3330.89 万美元，为上年的218.38%。其中进口商品 1648.19 万美元，出口商品 1682.71 万美元。进口商品主要为各种钢材、化肥、电冰箱、钢琴、电动剃须刀和水桶等，出口商品包括衬衣、睡衣、童裙、羊毛套衫、毛巾衫、浴巾、毛巾被、烂花绒、乔其绒、热水瓶、瓶胆、油漆刷、啤酒、酱油等。

1988 年以后，新疆与周边的人员往来增加了不少。父亲的一个哈萨克族同学从苏联来乌鲁木齐探亲，给父亲带了个电动剃须刀。我把玩了许久，沉甸甸的，很有厚重、结实的感觉。父亲说："苏联重工业发达，轻纺织工业落后。苏联产的东西材质结实，最主要是耐用，外形美观方面稍显欠缺。"

1989 年，新疆对苏地方边境易货贸易进出口总额达到 7110.7 万美元，为上年的 213.49%，占新疆对苏贸易总额的 59.26%。其中，进口商品 2986 万美元，出口商品 4127.7 万美元。进口商品包括化工、钢材、五金、建材、机械、纺织品、轻工品、农产品等八大类。出口商品主要有服装、纺织品、针织品、鞋帽、日用百货、文化用品、食品、蔬菜、机械、家用电器、电子产品、建材等 12 大类。

那时，苏联是新疆第三大贸易伙伴，新疆的主要贸易伙伴有中国香港、日本和东欧各国。新疆的主要出口产品是棉花、地毯、棉布、毛布、毛皮、羊绒、羊毛、马鬃、驼绒等。新疆进口的产品是家用电器类的收音机、录音机、电视机、冰箱、汽车。当时的贸易主要以国营进出口公司为主体，外贸体制中的垄断经营成分比重大。"苏联解体前，我有亲戚在中国新疆，那么便利，我也想从事进出口业务。那时商品紧缺，利润高，但进出口权不对个人开放，而是垄断在国营单位的手中。我只好放弃了这个想法。"赛力克笑着说出了自己的想法。

随着苏联解体，新疆周边的经济环境发生了巨大变化。

2. 苏联解体后新疆与周边的经贸合作（1991年以后）

苏联的解体似乎没有任何的征兆，新疆周边5个经济水平相差甚远的国家相继独立。中亚国家经济转轨的阵痛体现在方方面面。面对周边的突发状态，新疆似乎也有些措手不及。

中亚国家独立后，在苏联统一空间下原有的经济体系被人为割裂。私有化的快速推进，让普通百姓难以承受。"手中的钱一下子贬值了，不得不赶快将手里的钱换成货物，这是最现实的办法。我将自己手里所有的卢布都买了东西。果不其然，哈萨克斯坦独立后不久，就停止使用卢布，发行了自己的货币——坚戈。"赛力克仍然不愿意回忆当时的情景。

苏联的解体给新疆提供了巨大的贸易契机。我1992年大学毕业后，正赶上苏联解体后中亚国家经济复苏的阶段，对中国商品的需求极其旺盛。当时的贸易手段主要是易货贸易，我们公司曾经用1吨白砂糖换取1架白俄罗斯牌钢琴，用白砂糖换取化肥，用日用百货品换取过10辆拉达牌小汽车。

1991年底，随着哈萨克斯坦的独立，新疆与哈萨克斯坦之间的贸易关系进入快速发展的新阶段。1992年，新疆对哈贸易额超过2亿美元，占当年新疆全区边贸总额的70%。从此，哈萨克斯坦成为新

1992～2012年新疆对哈萨克斯坦外贸进出口情况统计表⑦ **（单位：亿美元）**

年份	新疆进出口总额	新疆出口总额	对哈出口总额	对哈出口占新疆出口总额的比例	新疆进口总额	对哈进口总额	对哈进口占新疆进口总额的比例
1992	7.50	4.54	1.25	27.60%	2.96	1.18	39.76%
1993	9.12	4.95	1.82	36.80%	4.17	1.75	42.1%
1994	10.41	5.76	1.21	20.99%	4.65	1.78	38.34%
1995	14.28	7.69	1.21	15.79%	6.59	2.86	43.38%
1996	14.04	5.50	0.93	16.86%	8.54	4.27	50.0%
1997	14.47	6.66	1.17	17.51%	7.81	4.33	55.49%
1998	15.32	8.08	1.67	20.64%	7.24	3.94	54.33%
1999	17.65	10.27	4.64	45.12%	7.38	4.63	62.71%
2000	22.64	12.04	5.09	42.26%	10.60	6.70	63.26%
2001	17.71	6.68	2.09	31.29%	11.03	6.95	63.01%
2002	26.92	13.09	4.42	33.77%	13.83	9.24	66.76%
2003	47.72	25.42	12.73	50.08%	22.30	12.73	57.09%
2004	56.36	30.47	17.82	58.48%	25.89	15.04	58.09%
2005	79.42	50.40	30.42	60.36%	29.02	19.74	68.02%
2006	91.03	71.39	37.08	51.94%	19.64	13.07	66.55%
2007	137.16	115.03	56.25	48.90%	22.13	13.49	60.96%
2008	222.17	192.99	71.70	37.15%	29.18	19.00	65.11%
2009	138.28	108.23	52.47	48.48%	30.04	16.51	54.94%
2010	171.28	129.70	68.28	52.64%	41.58	24.31	58.47%
2011	228.22	168.29	66.65	39.62%	59.93	39.32	65.61%
2012	251.71	193.47	71.39	36.90%	58.24	40.28	69.16%

⑦资料来源：《新疆年鉴》对外贸易部分，1992～2012年诸期

2010年哈萨克斯坦对中国出口商品（按金额排名前10位）[⑧]

排序	海关税号	商品名称	数量（万吨）	金额（亿美元）	占对中国出口商品总金额的比例
1	2709	石油原油	973	53.74	53.1%
2	7403	精炼铜及其铜合金	16.6	11.1	10.97%
3	2844	天然铀及其化合物	0.895	9.34	9.23%
4	2601	铁矿石及其精矿	577.6	6.8	6.74%
5	2603	铜矿砂及其精矿	33.3	4.74	4.69%
6	7202	铁合金	35	4.34	4.29%
7	2710	石油及从沥青中提取的油类，但原油除外	51.8	1.6	1.58%
8	7601	生铝	7.83	1.58	1.56%
9	7408	铜丝	2.2	1.47	1.45%
10	7901	未锻轧锌	6.7	1.46	1.44%
出口前10位合计				96.17	95%

疆第一大贸易伙伴。

　　哈萨克斯坦等周边国家对中国商品的需求刺激了新疆对外贸易的快速发展，周边外商来新疆采购的热情高涨。赛力克就是赶着这个大潮开始经商的。他最初来新疆做生意时是以旅游购物的形式，就是参加旅游团，拿到旅游签证，来中国的目的是购物。那时主要是易货贸易，外商将自己带来的货物卖掉，然后再买些紧俏的物资回国出售。让我记忆最深刻的是，一次我去机场送客户，飞机迟迟不能起飞。经过询问，得知是旅游购物团采购的商品太多，飞机超重10吨。当时乌鲁木齐

---

　　⑧资料来源：哈萨克斯坦海关统计资料

机场跑道太短，飞机无法起飞，最后卸载了部分商品，才得以顺利起飞。

哈萨克斯坦是新疆最大的贸易伙伴，我们公司的进出口业务主要是与哈萨克斯坦开展的。我们公司还先后在哈萨克斯坦阿拉木图、乌兹别克斯坦安集延开设了中国商店，主要售卖中国的轻纺制品。随着外贸企业改制的推行，这些国营单位主办的商店在1997年前后退出了经营，取而代之的是私营经济全面占领进出口业务。

新疆从哈萨克斯坦进口的主要商品为工业原材料和资源型产品，如铁矿砂、钢铁类材料、铜和铝材、毛皮、棉花等。新疆对哈萨克斯坦的出口产品主要为服装、纺织物、鞋帽，近年来日用品、塑料制品、建材、食品和农产品等的出口量也逐步增加，机械产品、机电设备、车辆的出口也呈迅猛增长势头。但总体来看，哈萨克斯坦向中国出口的货物中绝大多数为原材料，从中国进口的商品主要是工程技术和金属加工产品、日用品、食品等。

随着新疆周边国家经济的发展，最初的易货贸易退出了历史舞台，取而代之的是正规的进出口贸易方式——电汇、信用证等等。外贸进出口权的放开，使一些私营企业开始涉足进出口贸易。阿里木1998年以前在国营进出口公司的储运部工作。1999年国有外贸公司改制后，他彷徨过一段时间。他想利用企业给的安置费从事对中亚国家的贸易，但经营服装、鞋帽、文化用品、箱包、毛巾被、床上用品的人太多，几乎是微利经营。后来，他在乌鲁木齐二类口岸边疆宾馆、延安路一带看到中亚客户对中国生产的茶具、瓷器的购买力持续增加，就决定也开个商店，经营餐具、茶具的进出口生意。事与愿违，他从江浙一带进的茶具、餐具花色不符合中亚客商的审美要求，销路一直不好。中亚客商胡尔丹点拨了他的经营思路。阿里木用自己的房产作为抵押，从银行贷款购买了制作瓷器的机器，自己生产加工具有民族花色的餐具、茶具，开始了自主创业的历程。果然，这些富有地域特色的餐具受到中亚客商的欢迎，订单不断。随着订单数量的增加，运输的问题

2010年哈萨克斯坦自中国进口商品（按金额排名前10位）⑨

排序	海关税号	商品名称	数量	金额（亿美元）	占自中国进口商品总金额的比例
1	8517	电话等无线通讯设备，数据交换设备	227.9万件	1.843	4.65%
2	7304	钢管	9.3万吨	1.842	4.65%
3	8471	自动数据处理设备及其部件	228.4万件	1.66	4.19%
4	8429	推土机、平路机、铲运机、挖土机等工程机械	2087辆	1.08	2.7%
5	8545	碳电极、碳刷等石墨或精碳制品	13.4万吨	0.97	2.45%
6	8430	钻探机械、打桩机、扫雪机等	4420辆	0.81	2.04%
7	8601	铁道电力机车	16辆	0.71	1.79%
8	8481	龙头、旋塞、阀门等装置	0.88万吨	0.69	1.74%
9	8704	货运机动车辆	2087辆	0.66	1.66%
10	8474	矿石筛选、搅拌器、成型器等	1.76万吨	0.59	1.49%
		进口前10位合计		10.86	27.36%

出现了：瓷器易碎，长途运输损耗大，特别是换装的损耗更大。经过核算，阿里木在哈萨克斯坦开了一家独资的瓷器生产厂。据考察，哈萨克斯坦有厂房和原料，只需熟练的技术人员就可以生产了。在哈萨克斯坦开工厂的好处是，产品可以销往吉尔吉斯斯坦、乌兹别克斯坦、塔吉克斯坦、土库曼斯坦等中亚其他国家。2012年，我再次见到阿里木时，他刚从乌兹别克斯坦考察回国。他已经准备在乌兹别克开第二家瓷器工厂了。阿里木这次准备到浙江请几个制造瓷器的师傅当他

---

⑨资料来源：哈萨克斯坦海关统计资料

们工厂的技术指导。

　　吉尔吉斯斯坦是新疆第二大贸易伙伴。中国新疆与吉尔吉斯斯坦的贸易模式是用大量的工业制成品换取吉尔吉斯斯坦的原材料。

中国与吉尔吉斯斯坦2007年贸易结构表[⑩]（单位：百万美元）

项目 \ 贸易形式	吉尔吉斯向中国出口		吉尔吉斯从中国进口	
	金额	占比	金额	占比
化学产品			82	10.2%
铁和有色金属废料	111	60.8%		
机械设备			30	3.8%
生皮毛	55	30.4%		
日常消费品			581	72.4%
其他	16	8.8%	109	13.6%
合计	182	100%	802[⑪]	100%

　　这些枯燥的数据也许看了让人头痛，但的确反映出了实实在在的增长。"吉尔吉斯斯坦碧蓝的天空、碧绿的草场、清澈无瑕的伊塞克湖让人流连忘返。我有许多同学、朋友在吉尔吉斯斯坦生活。苏联解体前，我们都是一个国家的。现在我也经常去比什凯克，一方面是为了我的生意，另一方面也是到伊塞克湖度假。伊塞克湖是苏联领导人最喜欢去的度假圣地。在吉尔吉斯斯坦市场上，最畅销的货物就是中国货。中国商人在这里开设了市场、餐厅。"赛力克提醒我说，"吉尔吉斯斯坦是哈萨克斯坦的兄弟，也是中国的好朋友。你不要把那些索然无味的数据堆砌在文章中，应该好好写写生动的故事。"

---

　　⑩资料来源：《国家报告：吉尔吉斯斯坦》，伦敦：经济学家智囊团，2008年3月。
　　⑪此数据与中国官方数据差距较大。按：中国官方统计数据，2007年，中吉双边贸易总额为21亿美元。

中国与吉尔吉斯斯坦1992~2009年贸易情况⑫（单位：百万美元）

年份	中国与吉尔吉斯的贸易总额	中吉贸易占中国与中亚五国贸易总额的比例	中国向吉尔吉斯出口额	中国从吉尔吉斯进口额
1992	44	10.43%	26	18
1993	72	14.1%	43	29
1994	66	18.33%	30	36
1995	30	6.17%	26	4
1996	43	6.38%	27	16
1997	64	9.16%	42	22
1998	60	10.2%	44	16
1999	62	8.46%	37	25
2000	80	7.68%	46	34
2001	71	4.8%	45	26
2002	97	3.47%	55	42
2003	96（317）⑬	2.9%	73	23
2004	125（603）	2.88%	96	29
2005	582（723）	7.01%	338	84
2006	757（1170）	7.01%	599	158
2007	984（2100）	6.14%	802	182
2008	772	10.48%	728	44
2009	464	6.74%	445	19

---

⑫资料来源：亚洲开发银行数据，1992~2009年（中国与中亚国家的统计数据差别较大，此数据为中亚国家统计委员会相关数据）

⑬括号内为中国商务部统计数据。表内下同。

　　吉尔吉斯斯坦生活的宁静与慵懒是我所向往的。快节奏的生活使人世故，而吉尔吉斯人的淳朴和真诚让人感动。记得那年5月，我在吐尔尕特口岸给客户交货，5车白砂糖共计100吨。在口岸等了2天，吉方的货车还没有来。当时口岸库房有限，我们的货只好放在车上等待对装。傍晚时分，口岸天气突变，下起了小雨。我心急如焚，车上的白砂糖若是被雨淋湿，就等于白白损失了几十万呀。我焦急地在货场上徘徊。这时，一个吉国客商前来询问，知道了我的情况后，他主动将自己库房里的货集中堆放，给我腾出了一半的空间。我不能用语言表示什么，当即拿出一叠美元表示感谢。他断然回绝了我的好意。此次交货，我方仅有少量的损耗。吉尔吉斯客商的友善打动了我。我再也没有见过这位危难时机帮助过我的人。我曾经到比什凯克按照当年他留给我的地址和电话寻找他，但一无所获。我怀念那些帮助过我、感动过我的人。

　　新疆与周边的蒙古国、印度、俄罗斯、塔吉克斯坦、巴基斯坦等国家的贸易额逐年增加。从贸易形式来看，小额边境贸易占新疆进出口贸易总额的70%左右。

新疆2006～2012年与蒙古国、俄罗斯、塔吉克斯坦、巴基斯坦进出口贸易总额
（单位：亿美元）

国家＼年份	2006	2007	2008	2009	2010	2011	2012
蒙古国	0.13381	0.18899	1.24786	0.57866	2.71812	4.21053	3.43558
俄罗斯	1.69	6.02	7.19	3.09	5.69	9.28	6.44
塔吉克斯坦	2.18	3.77	12.55	8.68	10.76	17.22	14.07
巴基斯坦	3.43	4.14	4.12	1.92	1.27	3.82	1.396

　　从2006年到2012年，一般贸易占新疆进出口贸易总额的比例不断提高，而边境小额贸易仍然是新疆对外贸易的主力，但是占新疆对

外贸易总额的比例逐年减少。

2006～2012年新疆进出口贸易情况（单位：亿美元）

年份	新疆进出口 贸易总额	一般贸易	一般贸易占贸易 总额的比例	边境小额 贸易	边境小额贸易占 贸易总额的比例
2006	91.03	22.08	24.26%	64.85	71.24%
2007	137.16	36.94	26.73%	94.17	68.66%
2008	222.17	38.25	17.22%	176.42	79.41%
2009	138.28	26.68	21.46%	91.16	65.92%
2010	171.28	36.35	21.2%	100.42	58.63%
2011	228.22	64.77	28.4%	128.36	56.2%
2012	251.70	84.53	33.5%	130.04	51.7%

3.新疆贸易伙伴的多元化

随着贸易规则的建立，那种不规范的倒爷式的贸易形式渐渐隐退了。在商海中，一些企业倒闭了，另一些企业逐渐壮大。新疆对外贸易领域的扩大是 2000 年以后开始的。新疆对德国、瑞士、英国、美国、日本的贸易量不断增加。2007 年，新疆的 1.3 万吨香梨出口到美国、加拿大地区。2008 年，20.4 吨共 2400 箱库尔勒香梨出口到英国菲利克斯托。新疆番茄酱制品出口到土耳其、阿塞拜疆、欧盟、阿联酋等 100 多个国家。

"在新疆传说中，库尔勒香梨是由一位叫艾丽曼的美丽姑娘，在翻越 99 座大山，去过 99 个地方，骑死 99 头毛驴，引来 99 种梨树之后才接种成功的。"

英国小伙子艾力跟我说起关于香梨的传说。"我来新疆学习民族乐器，就是因为吃了新疆的香梨，萌发了来看看新疆的念头。新疆到底是什么样呢？结果被维吾尔人的歌舞和民族乐器迷住了。我现在在

近年与新疆贸易额超过1亿美元的国家（单位：亿美元）

年份 国家	2006	2007	2008	2009	2010	2011	2012
美国	1.91	2.36	2.24	2.68	2.44	8.4	10.2
意大利		1.37	1.07	1.37	1.15	1.87	
日本		1.11	1.38	1.34	1.70	2.23	2.29
德国		1.05	1.68	2.56	2.41	3.9	3.16
韩国			1.07	1.5			2.47
芬兰				1.27	1.58		
英国						1.08	1.7
马来西亚						1.21	3.54
澳大利亚							1.34
乌克兰							2.71
阿塞拜疆							2.6
阿联酋							1.1
多哥							1.07
荷兰							1.36
南非							1.36
巴西							1.23

新疆艺术学院学习热瓦甫的弹奏。"艾力用半熟不熟的汉语对我讲诉自己与新疆的感情，"原以为新疆还是中世纪的景象，人们住在蒙古包里，主要交通工具是马，骑马射箭是主要的娱乐项目。现在才知道，乌鲁木齐也是个现代化的城市。新疆的水果太挑逗我的味蕾了。我准备在这里开个留学咨询机构。新疆有许多孩子都想去英国读书，我想为他们提供帮助。"看着艾力灿烂的脸，我也打捞了一份阳光，一份

喜悦的心情。

　　新疆对外贸易伙伴不仅仅局限在周边国家。新疆与美国、欧盟、非洲、韩国、日本、巴西、独联体国家的贸易额逐步增加，贸易伙伴的多元性渐强。

　　马克在乌鲁木齐经济开发区开设了一家独资的肠衣加工厂，产品全部出口德国。马克告诉我："新疆这个畜牧大省，有大量制造肠衣的原料——羊原肠。我在新疆投资开厂，是因为新疆风光迷人。每年夏天，我都带着太太和 3 个女儿到喀纳斯度假。新疆人淳朴善良，热情好客。"马克是我以前所在的进出口公司的客户，他主要从事将新疆畜产品销往欧洲市场的业务。记得有一次，他来新疆采购马鬃。我就问他，马鬃能有什么用处呀？他告诉我，马鬃可以用在一种精密仪器的测量上。那次，我的同事千辛万苦地帮他采购了货。在我的印象中，马鬃就是做刷子用的吧！

　　新疆对外贸易进出口总额从 1995 年的 10 亿美元发展到 2005 年的 50 亿美元用了 10 年时间。仅仅过了 3 年时间，2008 年，新疆进出口贸易总额就达到 222.2 亿美元。2012 年，新疆进出口总额已达到 251 亿美元。新疆对外贸易的特点是：第一，新疆出口额占对外贸易进出口总额的 70%；第二，新疆与哈萨克斯坦、吉尔吉斯斯坦两国的贸易额占新疆对外贸易总额的 70%；第三，新疆进出口商品中，70% 的产品来自中国内地或是中国内地所需；第四，边境小额贸易占新疆对外贸易总额的 70%。251 亿美元的对外贸易总额，对某些省份算不了什么，但对于新疆来说，这不仅仅是数字上的增长，更是对地方经济和就业的巨大贡献。

投资与发展

　　暖暖的阳光透过玻璃窗照在心里。简约、宁静的装饰风格，透露出主人对生活的态度。我坐在赛力克在乌鲁木齐投资的西餐厅里，慢慢品味着咖啡，打开一本时尚杂志，尽情享受宁静时光。

1.外商在新疆的投资

新疆第一家外商投资企业是 1980 年成立的新疆天山毛纺织品有限公司。仅在 2012 年，新疆新批准境外投资项目就有 47 个。其中，新设项目 43 个，增资项目 3 个，并购项目 1 个。协议投资总额 7.6 亿美元，同比增长 80.1%。其中，中方协议投资额 7.5 亿美元，占协议投资总额的 98.7%，同比增长 78.9%。投资国家和地区及项目数量分别为：哈萨克斯坦 16 个，乌兹别克斯坦 7 个，吉尔吉斯斯坦 6 个，塔吉克斯坦、格鲁吉亚各 3 个，澳大利亚 2 个，土耳其、新西兰、美国、蒙古、沙特、新加坡、菲律宾、苏丹、卢森堡、中国香港各 1 个。

外商实际在新疆投资情况（单位：万美元）

年份	1990	1991	2000	2001	2009	2010
外商实际投资	712.68	3055.06	9212	2035	21570	23742

赛力克在乌鲁木齐做生意期间入乡随俗。他给我讲述了他的生意经："中国商人最喜欢请客户吃饭，我的很多笔生意是在推杯换盏中敲定的。中国的饮食文化博大精深，令我十分佩服，我从中看到了巨大的商机。在乌鲁木齐边疆宾馆、商贸城、华凌市场、西域轻工等二类口岸，有许多来自中亚、俄罗斯的商人。在这种地方开设一家俄式西餐厅肯定收益不错。有了这个想法，我就开始选地址。西餐厅不能离市场太远，也不能太靠近喧闹的街区，最终我选在一处僻静的宾馆旁边。我阅读了在中国投资的相关法律文件，看似比哈萨克斯坦的简单些，并且还有许多税收的优惠政策。由于资金的问题，在餐厅规模上我有些犯难，后来，表弟杜曼投入了部分资金。办理相关手续比较简单。验资、申领营业执照、开立账户、办理税务登记等手续，我委

托相关的咨询代办公司办理。不到 20 天的时间，一切都办妥了。接下来就是装修、雇佣员工等事宜。不到 6 个月，我的餐厅就开业迎客了。在筹办的整个过程中，装修是最费时间的，其他手续比我想象的要快得多。而且，根据相关的法律，中方还给我办理了试营业期间免税的手续，这是我没有想到的。现在，我的餐厅每月的营业收入比较稳定。我雇佣了外籍员工和本地员工，他们的待遇是一样的。在我自己的餐厅与新朋老友喝上几杯，心里那叫一个爽呀！"赛力克高兴地对我说，"我认为，现在赚钱的过程是一种享受，结交朋友的快乐是内心的满足。"

在赛力克的西餐厅里，我第一次见到阿丽亚时，她的睫毛长又翘，美丽得令人倾倒。她来自南疆和田农村，家中生活拮据，不能供她上大学。她怀揣着录取通知书到边疆宾馆打工。起初是干些保洁的工作，后来，鉴于她的聪慧和汉语表达的流畅，一家货运代理公司给她提供了岗位。这样的薪资水平不能满足积攒学费的需求，她晚上就到赛力克的西餐厅兼职当服务生。阿丽亚对大学生活的渴望感动了赛力克，他资助阿丽亚上大学。每天晚上，阿丽亚都到餐厅工作，以感谢赛力克的帮助。赛力克的餐厅一共雇佣了 10 名中国员工，其中 6 名都是勤工俭学的大学生。赛力克说："我年轻时也得到过别人的帮助。我的生意遇到困难时，是中国的生意伙伴给我减免的货款。我的餐厅享受了税收的减免优惠，帮助几个贫困大学生是理所应当的。"

2.新疆在境外投资增多

新疆企业在周边投资最多的国家是哈萨克斯坦。新疆企业在印度、阿富汗没有投资。

新疆企业除了在周边国家投资以外，还在美国、德国、伊朗、沙特、土耳其等国家投资。

我在俄罗斯访学期间，由于吃不惯西餐，经常去离学校不远的一家中餐厅。中餐厅的老板老高是个憨厚的东北人。他以前从事对俄罗

新疆企业在周边国家投资情况

国家	新疆在该国投资的企业数	主要投资领域
哈萨克斯坦	102 家	成套设备、车辆、建筑材料、农副产品销售，石油产品进出口
吉尔吉斯斯坦	35 家	建筑工程设备销售、矿产勘探、农副产品销售
塔吉克斯坦	26 家	矿产勘探、机械成套设备销售
乌兹别克斯坦	53 家	棉花制品进出口
土库曼斯坦	5 家	成套设备、机械、车辆销售
巴基斯坦	2 家	货运代理、仓储、石油工程技术服务
俄罗斯	7 家	汽车工程机械销售、木材销售加工、建筑材料进出口贸易
蒙古	5 家	矿产资源开发、销售

斯的贸易，也就是俗称的"国际倒爷"，每月坐国际列车穿梭在北京与莫斯科之间。他把雅宝路的服装倒买到莫斯科、圣彼得堡的各大市场，生意不错。随着俄罗斯关闭了中国在莫斯科的市场，严格控制灰色清关，老高的生意一落千丈。好在他不至于倾家荡产，哪里摔倒，哪里爬起来。老高看到近年来前往莫斯科、圣彼得堡留学、经商、旅游的中国人越来越多，萌发了在这些城市开餐馆的念头。低价变卖了所有货物后，老高在莫斯科一家中国留学生集中的国际语言学校附近，租了间门面房，开设了东北口味的餐厅。餐厅起初的消费者定位是留学生群体，利润仅仅够维持基本开销，特别是7、8月学生放假期间更是惨淡经营。看到来莫斯科、圣彼得堡旅游的中国人激增，老高嗅出了商机，与旅行社签订了定点服务协议。固定来老高餐厅吃饭的人多了，营业额和利润成倍增加。现在，老高准备在圣彼得堡开家分店。老高的儿子在俄罗斯上学，说一口流利的俄语。暑假，他在一家俄罗斯旅行社打工，专门接待中国的高端商务旅行团。

3.制度的架构

据俄罗斯海关署统计，中俄贸易额在 2001 年只有 55.96 亿美元，而 2010 年则达到了 593.4 亿美元，同比增长 50.3%，占俄罗斯进出口总额的 9.5%。中国已成为俄罗斯的第一大贸易伙伴。中国与哈萨克斯坦的贸易额也从 2001 年的 12.9 亿美元跃升至 2010 年的 204.3 亿美元。中国在 2009 年成为哈萨克斯坦第二大贸易伙伴，2010 年成为该国最大出口市场。中国同时也成为乌兹别克斯坦、吉尔吉斯斯坦、塔吉克斯坦的第二大贸易伙伴。

中亚国家独立后，试图用经济手段来施展其影响力，于是涌现出诸多不同性质和目的的区域性国际经济组织，粗略整理如下：

组织名称	发起国	成立时间	主要影响因素	英文缩写
中西亚经济合作组织	土耳其、伊朗	1985 年	宗教与民族因素	ECO
里海油管财团	俄罗斯	1992 年	能源因素	CPC
伊塞克论坛	吉尔吉斯斯坦	1995 年	强化独立国家地位与安全	
上海合作组织	中国	1996 年	地区安全与经济合作	SCO
中亚合作组织（2004 年并入欧亚经济共同体）	乌兹别克斯坦	1998 年	强化独立国家地位	CACO
油气管线共同体	美国	1999 年 11 月	能源因素	P.C.
欧亚经济共同体	俄罗斯	2000 年	强化俄罗斯传统势力	EAEC
中亚经济论坛	哈萨克斯坦 乌兹别克斯坦	2001 年	强化独立国家地位与安全	CAEF
日本＋中亚论坛（2005 年土耳其是观察员）	日本	2004 年	能源因素	
欧亚反洗钱与反恐融资小组	俄罗斯	2004 年 10 月	维护经济安全	EAG

在以上这些组织中，上合组织在中亚地区经济合作中的作用日趋明显。上海合作组织前身是成立于1989年的"上海五国"会晤机制，当时是中国、俄罗斯、哈萨克斯坦、吉尔吉斯斯坦、塔吉克斯坦关于加强边境地区信任和裁军谈判进程的组织。2001年，上海合作组织正式宣告成立，它是第一个以中国城市命名的国际组织，进一步加强了中国与周边国家的关系。目前，该组织有6个成员国，另有5个观察员国：伊朗、巴基斯坦、阿富汗、蒙古和印度。新疆与上合组织成员国间有密切的经济往来。上合组织的建立，为新疆与周边国家的关系搭建了一个共赢的平台。

据中国商务部统计，2008年中国对上合组织成员国的非金融类直接投资（流量）达到9.6亿美元，比2003年增长了26.3倍。2010年，中国对俄罗斯投资76.3亿美元，成为其第五大投资来源国（占9.3%）。截至2010年3月，中国累计对俄罗斯投资103亿美元，占俄罗斯累计吸收外资总额第六位。其中，2010年，中国对俄罗斯非金融类直接投资5.94亿美元，同比增长43.8%；俄罗斯对华投资3500万美元。截至2010年底，中国共向哈萨克斯坦直接投资50.3亿美元，对哈累计直接投资排名已上升至第七位。其中，2010年中国直接对哈萨克斯坦投资12.2亿美元，同比增长72.4%，占哈萨克斯坦引进外国直接投资总额的7%。中国是乌兹别克斯坦的第一大投资伙伴。2010年，中国对乌兹别克斯坦协议直接投资规模累计接近40亿美元，间接投资7.1亿美元。截至2010年5月底，中国国家开发银行在上合组织成员国的贷款余额为314.42亿美元，支持了一大批能源、电力和交通基础设施等项目。

记得那年我前往国家开发银行做有关塔吉克斯坦形势的报告，期间对国开行与新疆周边国家的贷款项目有了初步了解。由于金融知识欠缺，我并不能用专业的知识描述金融投资、贷款的延展效应，但我在伊朗参加国际会议期间，听塔吉克斯坦学者和哈萨克斯坦学者讲述

2009年6月，吉尔吉斯结算与储蓄银行与中国国家开发银行签署人民币贷款协议。

了中国对两国的金融支持。

"2009年哈萨克斯坦金融危机时，中国给哈国100亿美元的优惠贷款支持，帮助哈国渡过了难关。我就是一个受益者。那年我经营的建材商店积压了大量货物，眼看几百万美元的贷款到期无法偿还，我表弟杜曼帮我还了一部分。就在我愁眉不展的时候，一家建筑公司给我还清了货款。一问才知道，这家建筑公司受到了国家无息贷款的支持，这些无息贷款是中国政府给哈国的金融支持。我是这批贷款最末端的受益者。"赛力克这样描述他在2009年那场金融危机中的感受。

马伊纳克水电站项目是哈萨克斯坦独立以来自主设计建设的首个大型水电站项目，投资总额为2.5亿美元，其中2亿美元由中国国家开发银行提供，其余0.5亿美元由哈萨克斯坦开发银行承担。这是中哈两国在非资源领域的第一个重大基础设施合作项目。

塔吉克斯坦杜尚别至中塔边境丹加拉路段改造项目，西起塔首都杜尚别，东至塔中边境阔勒买口岸，全长1009公里，总投资2.3亿索莫尼（约合5000万美元），由中国政府提供优惠贷款融资支持。

"塔吉克斯坦接受外国援助的情况比较多，一方面是由于塔吉克斯坦经济发展相对于中亚其他国家落后；另一方面，塔吉克斯坦毗邻阿富汗，战略地位重要，是大国争夺的对象。某些大国对塔吉克斯坦的援助附带有政治条件，而中国与塔吉克斯坦山水相连，对塔吉克斯坦的援助是出于兄弟之情，无论是优买贷款项目还是物资援助，都是无条件的。由中国国家开发银行贷款的项目在塔吉克斯坦顺利进行，我们实实在在感受到隔山隔水割不断的友情呀！"一位塔吉克学者这样对我说。

2009年8月30日，中国对塔吉克斯坦无偿援助项目"沙尔—沙尔"隧道及其南北连接线胜利竣工。该项目是塔吉克斯坦自独立以来获得中国援助的最大项目，包括全长2224米的主体隧道、5公里的南北

马伊纳克水电站

连接线和一座 180 米的桥梁，是连结塔吉克斯坦首都杜尚别至中塔边境口岸干线公路上的枢纽工程之一，对改善塔吉克斯坦交通状况乃至加强中塔商贸物流联系都具有重要影响力。

4. 金融合作——贸易结算的便利化

中国与哈萨克斯坦商业银行之间还开展了贸易结算、出口信贷、银团贷款、融资服务、互设机构、信息交流与人才培训等业务合作。中国银行、中国工商银行于 1993 年在哈萨克斯坦的阿拉木图市开设了境外分行。2005 年 12 月 14 日，中国人民银行与哈萨克斯坦中央银行签署双边本币结算协议，允许双方货币用于边贸结算。

"以前我来中国购买商品时，一般用美元结算。但是，美元与人民币、坚戈（哈萨克斯坦本币）之间的汇兑波动性大，一旦结算周期超过 90 天，汇兑的风险就增加许多。现在，中国与哈萨克斯坦之间可以用本币结算，这样就方便多了。我可以给我的中国客商支付人民币，减少汇兑损失。2011 ～ 2012 年，人民币兑换美元升值严重，我的中国生意伙伴利润下降，我们就用人民币结算，这样双方都有钱赚。这就是你们学术上所说的互利共赢吧。"赛力克说起汇兑情况头头是道。

中哈边境贸易间的本币结算即在中哈毗邻地区允许双方企业使用坚戈和人民币进行商品交易和贸易行为，也允许坚戈、人民币现钞进入对方国家市场流通。"这样的规定有现实的好处，对边贸互市中的小额贸易尤为重要。双方货币的使用，减少结算环节和交易成本，规避两国汇率风险，便于企业成本控制和资金运作。银行本币结算将会解决中哈商业银行直接通汇问题，缩短资金在途时间，加速资金周转，为两国间的经贸往来提供方便快捷的金融服务。"赛力克的助手这样说。

我去俄罗斯访学时最初携带的是美元，但美元兑换卢布的波动性

2010年6月，中国国家开发银行与塔吉克斯坦国家储蓄银行签署授信协议。

较大，有时候仅仅间隔几天，就会有1卢布的浮动。后来看卢布兑换欧元汇率比较稳定，我就将美元换成了欧元。然而，没过几个月，欧债危机爆发，欧元兑换卢布的波动性日益明显，还是产生了不小的汇兑损失。那时候，同学开玩笑地说，我们的汇兑损失都够买张机票回家了。一天，我们到银行换钱，一位银行工作人员向我们介绍，现在人民币可以和卢布直接兑换，而且汇率稳定。果不其然，我每天看电视的汇率播报，人民币兑换卢布十分稳定。暑假过后返校时，我直接带人民币去了俄罗斯。卢布兑换人民币现钞十分方便。人民币的坚挺和升值，让我们感受到人民币国际化结算的便利。

2005年10月26日，上海合作组织银行联合体正式成立。上海合作组织六国的各自授权银行或金融机构均已加入这一多边金融合作组织。2006年上海合作组织上海峰会期间，各成员国在银行联合体框架内签署了7.5亿美元的协议和项目。中国向上合组织其他成员国提供 9 亿美元的优惠出口买方信贷已全部落实到位。

"我们托运部在乌鲁木齐西域轻工二类口岸。承接客户的托运委托时，客户支付美元、卢布、人民币、坚戈任何币种的货币都行。一般客户都愿意支付人民币，因为人民币当前汇率稳定，在中国支付方便。"利玛对我说。"人民币在边境小额贸易中，结算便利。在新疆与蒙古国接壤的边境地区，人民币几乎就是硬通货，用美元结算的情况很少。人民币境外结算也十分快捷。"赛力克的蒙古朋友补充说。

新疆 20 年的对外开放，体现在数字图表中是快速上涨的线条，给人们心中也带来了一种蒸蒸日上的喜悦。我从赛力克的讲述中看到了愉悦带给人的满足。

通向世界的国际交流

文化因交流而丰富，心灵因交流而沟通，友谊因交流而加深。交流的魅力在于不断地对外展现自我，不断地引进多元文化和先进科技理念，不断地创新发展。悠悠驼队运载的商品流向远方，玄奘的经书散落在沙海戈壁的绿洲中，金戈相交之音骤起，战马嘶鸣之声犹存。新疆自古就是一个多元宗教的传承之地，多元文化的融合性使新疆以开放的姿态向世界展示未来发展的蓝图。

国际教育交流

1.新疆周边国家开设孔子学院

文化是对外交流的载体，对文化的认同可以拉近国与国之间的距离。孔子学院成为中国推广汉文化的教育园地。

"人之初，性本善，性相近，习相远……"我的俄罗斯朋友米沙背诵三字经的水准比我高多了。他在西伯利亚孔子学院的中级班学习汉语和汉文化。他最喜欢中国功夫，武术是他最爱上的课程。

孔子学院并非一般意义上的大学，而是推广汉语和传播中国文化的教育和文化交流机构，是一个非营利性的社会公益机构，一般都是设立在国外的大学和研究院之类的教育机构里。

中国政府在新疆周边的中亚五国、蒙古、阿富汗、巴基斯坦、印度、俄罗斯分别开设了多家孔子学院，让更多的外国人了解中国文化，了解中国社会经济发展的巨大变化。

在手鼓的律动声中，新疆民族乐器艺术的选修课开始了。头戴小花帽的热夏提老师专注地舞动手鼓，有节律的敲击声回荡在教室里。悠扬的乐声伴随着精妙的歌舞和优美动人的讲解在多媒体教室里流淌。

"黄毯悄然换绿坪，古原无语释秋声。"静静地望着窗外，古丽夏

孔子学院的课堂上

思念着孔子学院的老师。一年的交流结束，老师回国了。推开窗户，低语的夜风踏进房间，歪歪斜斜的汉字跳跃在信纸上，暖暖的思念透过夜色寄向远方。

　　月光如银似雪，星星惊讶地眨着眼睛。婷婷依然不能入睡，明天学生们不知道又要问什么大胆的问题。这些吉尔吉斯学生思维活跃、敏捷，课堂上提的问题五花八门——从中国年轻人的婚恋态度到中国学生的就业情况，令人应接不暇。婷婷折服于这些孩子们汉语水平的飞跃。

　　目前，中国在哈萨克斯坦共开设了3家孔子学院和2家汉语教学中心，分别为2002年由兰州大学承办的哈萨克斯坦阿里·法拉比国立民族大学孔子学院，2007年由西安外国语大学承办的哈萨克斯坦欧亚大学孔子学院，2011年由新疆财经大学承办的阿克纠宾国立师范学院孔子学院，2011年由伊犁师范学院承办的哈萨克斯坦国际关

系与外国语大学汉语中心，以及 2010 年由新疆农业大学承办的哈萨克斯坦塞夫林农业科技大学汉语教育中心。

近年来，中国在吉尔吉斯斯坦开设了 2 家孔子学院，分别为 2008 年由新疆大学承办的吉尔吉斯斯坦比什凯克人文大学孔子学院，2009 年由新疆师范大学承办的吉尔吉斯斯坦国立民族大学孔子学院。

塔吉克斯坦民族大学孔子学院成立于 2008 年 8 月 27 日，是经塔吉克斯坦教育部和中国国家汉办／孔子学院总部批准，由塔吉克斯坦民族大学和中国新疆师范大学合作开办的非营利性教育机构。

杨娜是我研究生时代的同学。毕业后，她成为新疆师范大学的一名教师。现在，她在塔吉克斯坦杜尚别民族大学孔子学院当汉语教师。虽然杜尚别的条件没有乌鲁木齐那么优越，但是塔吉克斯坦学生活泼开朗的性格深深吸引了她。"在课堂上，塔吉克斯坦的学生总是爱提出令人忍俊不禁的问题。这些学生比中国学生思维更加敏捷和开阔，敢于挑战权威。我和他们像朋友一样相处。记得 2012 年

新疆文化交流代表团在比什凯克人文大学孔子学院的演出

巴中友谊中心

秋天，我由于天气变化患上感冒，几天都不见好。上课时，就有同学给我带来医治感冒的塔吉克民间偏方的汤药，着实让我感动。学生淳朴的天性就像杜尚别的天空那样纯净。他们渴望了解中国文化，渴望了解经济快速发展的新疆。"杨娜说，"在塔吉克斯坦孔子学院举行的中国美食品尝活动和汉语歌曲演唱大赛最令我难忘。为了参加比赛，学生们课余时间从网上下载汉语歌曲，跟着音乐慢慢学唱，最后再加入自己的表演动作和激情。中国美食烹饪课是女孩子们的最爱。无论是简单的西红柿炒蛋，还是稍显复杂的宫保鸡丁，下课后学生们追着我问个不停。那高兴劲儿感染了我，我在异国他乡不那么寂寞了。是这帮学生给我带来了欢乐。"

在俄罗斯的 17 家孔子学院中，有两家是由新疆的高等学府协助开设的。2008 年 9 月，俄罗斯新西伯利亚国立大学孔子课堂建立。该学堂是由新疆大学协助俄罗斯校方开设的。2009 年，石河子大学协助俄罗斯阿尔泰国立技术大学开设了孔子学院。

"我在仰望，月亮之上，有多少梦想在自由地飞翔。昨天的遗忘风干了忧伤，我要和你重逢在那苍茫的路上。"我给米沙纠正歌词的汉语发音，他要在学校的新年晚会上演唱这首汉语歌曲。看着他认真的样子，我又想起他辅导我唱俄语歌的情景。"白桦笼罩着梦似的寂静，在那树枝上披着白雪一串串……"米沙不厌其烦地纠正我的俄语发音。

中国还在新疆周边的乌兹别克斯坦、阿富汗、巴基斯坦、印度、蒙古等国家陆续开设了多家孔子学院。这些孔子学院除了进行基本的汉语教学活动外，还增加了文化特色课，如中国书法、太极拳、学唱中国歌曲、中国影片欣赏等，赢得了学生们的广泛好评。此外，他们还组织了丰富多彩的汉语文化交流活动。

2.周边国家来新疆留学人数不断上升

新疆周边国家的很多青年人在孔子学院学习汉语，但有些人为了更好地感受中国文化，不远千里来到新疆学习汉语及其他学科知识。当前，新疆招收留学生最多的高校是新疆大学和新疆师范大学。

古拉兹是一名来自土库曼斯坦的留学生，他在新疆师范大学国际文化交流学院学习已经3年了。这3年里，他的汉语有了较大提高，和我交谈起来比较轻松。2013年3月，我们研究所的相关人员在新疆师范大学与来自土库曼斯坦的留学生进行了座谈。刚开始他们有些拘谨，但不超过30分钟的时间，同学们的话匣子就打开了。"我在乌鲁木齐已经呆了3年了，很习惯这里的气候。这里比我的家乡阿什哈巴德要湿润些。我学习上有很大进步。平时上课的时间，我们在课堂上可以向老师提出任何我们感兴趣的问题，也可以和我们的美女老师谈论婚姻、恋爱的问题，课堂气氛相当活跃。我们在学生食堂就餐。这里的食品种类丰富，价钱十分合理。课余时间，学校给我们安排了多项业余课程，可以学中国书法、汉语歌曲等。学习武术是男孩子们的最爱，女孩子们喜欢中国的十字绣。和中国大学生交流是我们最喜

2013年6月5日，新疆乌鲁木齐市，参加第六届"汉语桥"在华留学生汉语大赛的选手合影

欢的提高汉语的方式。通过和他们的交流，我还学会了新疆俚语土话呢！这可是课本上学不到的。我的汉语越说越地道了。"古拉兹说道，"我的理想是成为一名企业家。中国现在与土库曼斯坦的经贸合作越来越密切，特别是土库曼斯坦有大量中国经济建设需要的天然气。等学成回国后，我希望在中国与土库曼斯坦合作经营的油气企业工作。"

新疆师范大学国际文化交流学院成立于 2009 年 7 月，其前身为 1990 年 3 月成立的汉语教学研究部。学院下设对外汉语系、汉语言系、语言文化教学中心、留学生信息中心、中亚语言文化研究所等部门。汉语国际教育硕士点面向全世界招生，2013 年共有硕士生 126 名，其中中国学生 20 名，外国学生 106 名。对外汉语本科专业 1 个，其中对外汉语教学方向招收中国学生，共有学生 116 名；商务汉语方向和俄汉翻译方向招收外国学生，共有学生 169 名。此外，还有来自吉尔吉斯斯坦、哈萨克斯坦、塔吉克斯坦、蒙古、俄罗斯、阿塞拜疆、乌兹别克斯坦、土库曼斯坦、阿富汗、巴基斯坦、伊朗、韩国、爱尔

俄罗斯留学生在"汉语桥"大赛上展示才艺

兰等国的 400 余名中短期语言生。

古丽扎已经在乌鲁木齐学习了 6 年汉语,现在是一名研究生。她的汉语十分流利。这个腼腆的小姑娘,说话语速快,用词准确,不见其人的话还真想不到她是外国人。"乌鲁木齐是我的第二故乡,我喜欢这里的教学环境和住宿条件。学校给我们安排了 4 人间和 2 人间的宿舍。图书馆的藏书丰富,我喜欢下课后在那里安静地读书。"古丽扎说道。我打趣地问她是否考虑在新疆找个男朋友时,她害羞地笑而不语。座谈中,我们回答了学生们提出的许多问题。看着这些朝气蓬勃的学生,我仿佛回到了自己的青春岁月。

新疆大学 1985 年开始招收留学生,截至 2011 年初,已培养了近4000 名来自不同国家的留学生。新疆大学整合了全校对外汉语、少数民族语言、外语和中国文化等方面的优势教育资源,于 2008 年 1月正式成立了国际文化交流学院。当前,国际文化交流学院有来自世界 20 多个国家和地区的约 350 名在读留学生。其中,80% 的学生来自俄罗斯、中亚等新疆周边的国家和地区。

娜达莎是在新疆大学留学的俄罗斯姑娘，金发碧眼，皮肤白皙。第一次见到她是源于我陪俄罗斯朋友到西餐厅吃饭，正在弹钢琴的娜达莎吸引了我的目光。那流畅的琴声述说着喜悦的故事，那跳动的音符讲述着阳光的心情。等 1 个小时的演奏结束后，我的俄罗斯客户维克多将娜达莎介绍给我。原来，每次到乌鲁木齐来，维克多都要到这里听娜达莎弹琴。琴声悠扬，余音绕梁。娜达莎每天在这里弹 1 个小时钢琴，可以有 200～300 元人民币的收入。"我来自俄罗斯远东地区的一个小城市。我自幼开始弹钢琴，但我没有从事钢琴专业的学习，而是作为业余爱好。我的男朋友很喜欢中国文化，他在新疆大学学习汉语。也许是爱屋及乌吧，我随他一起来到了新疆大学，开始了我的留学生活。刚开始，学校食堂的中式餐食我吃不习惯，就每周到这家西餐厅改善伙食。慢慢地，我和餐厅的工作人员熟悉了，就每天在这里弹钢琴。我男朋友在新疆大学学习汉语已经快 4 年了。他现在在乌鲁木齐边疆宾馆附近的一家俄罗斯国际物流公司做兼职，他们公司的生意不错。乌鲁木齐是一个充满异域风情的城市，我现在喜欢上这里啦！每年暑假，我都和男朋友一起到中国的其他城市旅游。我去过九寨沟、北京故宫和长城、桂林漓江。今年暑假，我们准备去云南看看。中国不同地区的景色千差万别。我的汉语也进步不小，虽然我才学了两年，但日常交流没有问题。"娜塔莎开心地对我讲着她假期的计划。

新疆财经大学、新疆医科大学、新疆艺术学院、石河子大学等高等学府的留学生人数也不断增加。这些留学生从单纯地学习汉语言，发展到学习临床医疗知识和新疆少数民族乐器、少数民族舞蹈、民族文学等专业知识。新疆的开放性吸引了来自四面八方的学子，新疆的包容性接纳了来自五洲四洋的朋友。

国际科技交流

1.阿尔泰区域科技合作

阿尔泰区域是中国、俄罗斯、哈萨克斯坦、蒙古国共同拥有的具有重要发展潜力的地域。如何加强该地区人文、生态、植被、物种的保护和研究成为一个重要课题。为此，中国、俄罗斯、哈萨克斯坦和蒙古国成立了"阿尔泰区域合作国际协调委员会"。新疆与周边的生态环境相似，地理气候相近，开展科技交流合作的领域具有趋同性。

阿尔泰区域自然资源丰富，动植物种类繁多，生态环境优美，多民族聚居。2000 年 7 月 19 日～21 日，由中国科技部主办，在新疆阿勒泰市举行的"阿尔泰区域科技合作与经济发展国际研讨会"上，中、俄、哈、蒙四国代表签署了《阿尔泰区域合作倡议》。该倡议书指出，区域四国将就区域资源共同开发和投资制定相关政策，积极促进区域生态环境改善，造福各国人民。倡议强调，区域四国将就畜牧业、种植业、无生态破坏采矿业和跨国旅游业等进行多边科技、经济合作，努力争取国际社会对本区域的支持，为本区域的发展引进资金、人才和技术。会议决定，研讨会每 2 年举办一次，区域四国轮流举办。

尤里耶维奇是在俄罗斯阿尔泰地区工作的一名联合国教科文组织的生物学专家。认识他是在一场研究生答辩会上。他所提出的尖锐问题，让那些学生汗流浃背、结结巴巴、语无伦次。我心里想，这个精神矍铄的老头儿思维太敏锐了。2011 年的学术研讨会上，我聆听了他关于阿尔泰区域生物多样性保护的发言，顿感生态环境保护的重要性。他认为，典型温带大陆性干旱气候背景和大型高山、盆地相间的地理分布格局，构成新疆自然环境的脆弱性、生态环境的多样性和绿洲分布的分散性；山地、绿洲和荒漠是新疆地理环境的基础特征。

2009 年 7 月，新疆第一次举办阿尔泰区域的国际大学生夏令营

2011年"我们共同的阿尔泰"四国会议现场

活动。夏令营中，各个国家的青年人一起围坐在篝火旁，唱着、跳着，没有了国家的界限，舞动着同样年轻的心。

2010年7月，在俄罗斯科学院西伯利亚分院技术转移中心、纳米技术中心，以及哈萨克斯坦国家科技信息中心，四国专家畅所欲言，对阿尔泰区域技术合作、科技成果转让、技术从科研领域向应用领域转移等问题进行了研讨。

我在俄罗斯访学期间，感慨最深的是俄罗斯乳制品加工的细化。光奶酪就有十几个品种，酸奶也有几十个品种。销售方面也进行了细化：添加不同益生菌的酸奶针对不同的消费人群，不同蛋白质含量的鲜牛奶分别出售。我曾经询问过俄罗斯科学院远东所的专家，他们认为技术手段是支撑乳制品加工细化的关键。

俄罗斯、吉尔吉斯斯坦、哈萨克斯坦等国家国际科学技术合作项目的实施，是新疆与周边地区科技合作的主要支撑。例如：俄罗斯与中国的区域发展和区域经济政策、中俄区域科技合作和创新发展、中吉合作天山区域地质矿产研究、中塔农业科技合作园建设等项目都在

俄罗斯阿尔泰共和国欢迎参加会议的各国客人

有序进行中。与俄罗斯科学院远东研究所、吉尔吉斯斯坦科学院、吉尔吉斯斯坦科学院地质研究所、吉尔吉斯斯坦科学院水问题与水能研究所、塔吉克斯坦农科院等 5 个科研机构之间密切的合作关系，提升了新疆与周边的科技合作能力。

悠扬的吉他声穿透夜空，似欢迎远方客人的致辞。秋色纯美，傍晚的小雨让空气中充满了泥土的芳香。窗外的西伯利亚白桦轻轻摇曳着，渴望着雨露的滋润。拉林在他的山间别墅欢迎中国客人的到来。

拉林是俄罗斯联邦阿尔泰边疆区的副行政长官（副州长）。对他的第一印象是弹得一手好吉他，音符在琴弦间跳动，撩人的琴声背后似乎有许多精彩的故事。丝丝入扣的感情加上浑厚的嗓音，真不敢想象他掌管行政事务的威严。我曾开玩笑建议他从事音乐演出，一定会成为炙手可热的明星。他却笑着说，是阿尔泰山的美景赋予他的歌喉，任何一个生活在这里的人都会触景生情，陶醉其中。直到现在，我还记得鄂毕河畔野生植物园那参天的古树，西伯利亚花楸的绽放，金黄的白桦树叶沙沙作响，手风琴悠扬地奏出婉约情长。"草原茫无边，路途遥又远。"吉他弹奏着旋律，举杯高歌，开怀畅饮，晶莹的露珠滑落在琴声里。阿尔泰山是我们共同的家，保护还要靠大家。

2.国际项目合作

（1）中法马业合作

昭苏县是新疆马业养殖的主要基地。该县实施了新疆马产业重大项目，2011年从法国卡苏生物技术公司购买了世界先进的试验设备，进行马匹细管精液制备，为中国国内马匹改良提供种质资源。经法国马业中心协调，法国卡苏生物技术公司提供免费技术培训，帮助新疆建立马业良种繁育技术团队。2011年5月13日～15日，由11人组成的法国马业技术培训和专业交流代表团来到昭苏县，开展了马匹人工授精、胚胎移植、疫病防治、芯片跟踪等技术培训。伊犁哈萨克自治州的畜牧技术人员共60多人参加了培训。

伊斯麻是昭苏县的一个牧民，家里饲养了几十匹马。由于近亲繁殖，他家马的品种严重退化。2011年，中法马业合作项目的专家对他家的母马进行了现场人工授精和胚胎移植。2012年，改良后的小马驹欢快地在草场上撒欢。法国专家将这项技术传授给当地的技术人员，以后县畜牧局的兽医就可以上门为牧民家里的马进行胚胎移植了。

（2）俄罗斯与新疆的技术合作

《共同研究土壤生态特性退化过程的自动化评价和优化农业技术》《早熟和特早熟鲜食及酿酒抗旱葡萄品种引进合作研究》《中国—俄罗斯畜产品科技创新平台建设》等项目在2012年11月中俄总理会晤时获得批准，目前研究正在进行中。

（3）科技培训

新疆还利用新西兰、加拿大、世界银行等国家和组织提供的合作

项目对新疆畜牧业养殖户进行培训。中加合作动物健康项目在新疆实施 5 年来，共开展了 82 项培训活动，共培训管理人员、技术人员、农牧户及中小学生 2058 人次。跨境动物疫病项目，主要探讨给新疆周边的哈萨克斯坦、吉尔吉斯斯坦援建跨境动物疫病防控实验室和监测站，以便监测跨境动物疫病的传播和防控工作。

叶斯汗 2012 年参加了口蹄疫培训班的学习，掌握了基本病情的甄别和防疫技术的实际操作。2013 年，叶斯汗的放牧点又成为监测境外输入型疫病的观测点，防患于未然。

（4）新品种、新技术

通过中国科技部授牌的"国际科技合作基地"牵线，墨西哥玉米小麦改良中心在新疆建立了中国第一个小麦试验站，为新疆提供

昭苏县的草原上万马奔腾

了上百种小麦新种质。目前，新疆已选育出了一批性状表现优于"新春6号"的小麦品种。近年来，"国际科技合作基地"为国外优质品种资源和新技术引进提供了一个良好的平台和通道。新疆的两个"国际科技合作基地"分别设立在新疆农科院和新疆畜科院，其主要任务是围绕新疆特色农业发展中的关键技术问题，开展多渠道、宽领域的国际科技合作交流。

也许有人认为"科学技术"这4个字说起来很虚，但要是落实到具体的农牧民身上，取得的效益是极其显著的。新疆与周边国家的国际科技合作，反映出新疆对外科技交流的层次和水平不断提高，特别是惠及民生的项目实施效果良好。

国际文化交流

开放的新疆在不断展现自己经济成就的同时，也开展了不同层次、不同形式的文化交流：一方面，走出国门，向世界人民展现新疆文化的独特性和开放性；另一方面，向世界敞开大门，欢迎各国的艺术家来新疆展现风姿。

1.走出国门展现多元文化

2012年12月22日～2013年1月4日，"文化中国·魅力新疆"艺术团赴吉尔吉斯斯坦共和国比什凯克、土库曼斯坦共和国阿什哈巴德、乌兹别克斯坦共和国塔什干开展慰侨演出。"在新年里看到新疆原汁原味的艺术表演，让我高兴不已。美轮美奂的宫殿中，台阶上是翩翩起舞的金凤，墙壁上是吞云吐雾的青龙。悠扬的乐声伴随着精妙的歌舞，舞美效果精良，绝美的享受呀！"一位吉尔吉斯老人赞不绝口。

2011年5月，新疆演出团参加了"沙什木卡姆"艺术节。在塔吉克斯坦国家音乐厅，新疆艺术家们为塔吉克斯坦国家音乐学院的专

家及学生 1000 余人表演节目，并对维吾尔《十二木卡姆》的音乐结构和各种维吾尔乐器的特点进行了一一介绍。2012 年，中国在德国举办"中国文化年"。为庆祝这一活动及中德建交 40 周年，德国 TFF.Rudolstadt 音乐节邀请了 9 个中国民间艺术团队参加。新疆刀郎木卡姆民间艺术团一行 11 人作为传播中德两国文化艺术的使者，参与了此次盛会。2012 年 3 月，中国新疆歌舞团在土耳其最大城市伊斯坦布尔为当地市民献上精彩的歌舞表演，与来自多个国家和地区的艺术家们共同庆祝春天的节日——诺鲁孜节。2012 年 4 月 2 日，新疆木卡姆艺术团赴印度新德里演出。高频次的演出让世界了解了新疆艺术的魅力，向世人展现了新疆文化的感染力。

2.邀请国外艺术团来新疆演出

在首届中国—亚欧博览会期间，吉尔吉斯艺术家为新疆观众奉献

新疆歌舞团在欧洲的演出

新疆歌舞团的演员与欧洲友人同台共舞

了优美的群舞《慷慨的阿拉套山》。吉尔吉斯共和国总统奥通巴耶娃亲临演出现场助阵。

2008年和2011年，中国新疆国际民族舞蹈节已成功举办了两届。共有来自20多个国家和地区的专业舞蹈团体、上万名艺术家参加了舞蹈节活动，观众多达上百万人次，极大地推动了新疆文化艺术的发展。

多元文化在新疆传承，新疆文化感知着对外交流的影响力，世界文化同样吸引着新疆各族民众的注意力。文化艺术的跨界交流在新疆这个丝绸之路的驿站上显示着强大的生命力。